Caring for Dying Loved Ones

A Helpful Guide for Families and Friends

[美] 乔安娜·丽莲·布朗
(Joanna Lillian Brown)
董燕 / 著

最后的陪伴
如何面对亲人的衰老和死亡

华夏出版社
HUAXIA PUBLISHING HOUSE

序 1

随着国民经济的持续快速发展，人们的生活水平获得了大幅改善，困扰了中国人几千年的衣食住行问题终于得到了解决。生的问题解决了，死的问题随之而来，越来越多的人开始关注死亡问题。

近年来，一系列死亡学著作的出版及热销就是对这一现象的回应。在理性思考死亡问题的初期，阅读西方文献是一条捷径，于是一些来自西方的死亡学教科书、实务操作手册和死亡哲学类著作相继翻译出版了，你手中的这本《最后的陪伴》就是其中之一。

一

现代文化忌讳谈论死亡问题，人们往往不由自主地采取回避、搁置的策略。把头扎入沙子的鸵鸟至少可以享受眼下的安宁，不管这种安宁是多么短暂，又是多么不可靠。但是，死亡终究不会因为我们的回避而消失，每个人最终都将直面自己的死亡。

死亡令人恐惧！除了形而上的根源，在老年和临终阶段承受的物理意义上的痛苦也是令人恐惧的直接而强烈的根源。

由于工作的关系，我曾多次参观国内的老人护理机构。在那里，目力所及，有卧床的老人，坐轮椅的老人，最令人心酸的是患阿尔茨海默病的老人，而那些身体状况好一些的老人则呆坐在电视机前。

有一次，一家老人护理院的院长带领我参观她的机构，为了展示工作成就，她顺手掀起一位卧床老人的被单，一具苍白的、干瘪的、蜷曲的裸体展现在我的眼前，她把老人翻过来，拍着老人的后背和屁股对我说，你看，一点褥疮都没有，然后随手把被单盖上，又带着我去看下一个单元。那位老人没有一点声响，像一具尸体。我不知道他是植物人，还是阿尔茨海默病患者，抑或只是丧失了行动能力但大脑依然清醒的患者，总之他就像一具尸体，没有一点声响，任人围观、翻动、指点、评论。

这位院长自豪地告诉我，本院专业化水平很高，每一位住院老人都要定时大小便，定时洗澡，定时睡觉，定时吃饭，而且有统一的制订科学的食谱……我问，如果他们不按时大小便、睡觉，不想吃你们配的饭怎么办？院长诧异地看着我说，那怎么可能，我们有一套有效的训练办法。

我还被领着参观老人洗澡的场面。事后每每忆起那个场面，不知为什么我总是不由自主地想起现代化屠宰场的流水线。护士的确很专业，动作有力但不暴力，语气不容置疑但不粗暴，笑容满面但一点也不会让你感到亲切，而被洗澡的老人就像温顺的绵羊，嘴里不停地吐出含混不清的感谢的字眼。

看着这一切，我似乎在看着自己的未来，而且是不可阻挡、不可改变、不可逃避的未来。一种笼罩天地的恐怖劈头砸下。

看到我面带悲戚、失魂落魄的样子，院长以为我在为她的客户难过，就安慰我说，他们已经很幸福了，那些住不起护理院的老人、儿女不孝的老人，甚至没儿没女的老人更悲惨，而且一旦住进了坑人骗钱的黑护理院，那更是万劫不复了。

这一切使我感到巨大的恐惧，这是我有生以来感受到的最真切的恐惧。难道这就是我们每个人的必经之路吗？我们的老年生活能不能更快乐一点，更有尊严一点？我们能不能死得更轻松一点？我想，这肯定不是我自己的问题，而是每个人都无法回避的大问题，也是极为严酷的现实问题。

当我读到本书第七章的附录"生前预嘱样本"，就如同见到了救命稻草，朦胧中有一种得救的感觉，似乎看到了摆脱老年悲惨命运的一线之光。这是无数人用自己的苦痛、思索、钱财换来的真知灼见，是使后来者免于临终苦难的宝典。前人不可能从头再来了，但是我们可以从他们的经验中学习，使自己的临终阶段更加舒适、从容、无所畏惧。

二

《最后的陪伴》关注老年护理,特别是临终关怀。本书主要是写给"护理者"看的,当然"被护理者"也可以从阅读中受益。两位作者坚信,人有可能安宁幸福地度过晚年,也有可能从容淡定地面对死亡,而她们的这本书就能够帮助人们改善晚年生活的质量,缓解对死亡的恐惧。

本书的英文原作 Caring for Dying Loved Ones 在美国出版后,获得了广泛的关注,并且通过相关的讲座、新闻报道和电台采访等方式在社会各界激发了很多关于养老话题的深入讨论。董燕博士翻译了全书,并且改编和重写了部分章节。她与英文原作的作者乔安娜共同确定了哪些章节不适合中国读者或在中国不存在相应的体系,并用相应的符合中国社会生活的内容取而代之。另外,书中涉及的一些概念,如生前预嘱和临终关怀等,由于中国普通大众并不一定熟悉,所以她们在编写过程中加入了对这些概念及其历史和近年来发展的介绍。具体来说,与英文原作相比,中文版的第六章、第七章、第八章均有大幅度的删改和补充,而第五章几乎是重写。中文版还删去了原书关于法律条文的一章。

总的来看,两位作者的立场属于无神论或物理主义,她们相信死亡人人不可逃避,也不考虑灵魂、永生、来世或彼岸,以及神是否存在的问题。同时，她们也不关注物理主义者也要讨论的形而上问题，如个人同一性、死亡的本质、死亡的价值，等等。总之，本书不是神学或哲学著作，而是物理主义者的实践指南。

本书的内容涵盖了临终的全过程，从护理者的视角展开叙述，按照临终的自然流程安排内容，包括：护理者应有的心理准备和角色定位；了解被护理者的愿望，与之一起制订最后阶段的人生规划；临终关怀、善终服务和缓和医疗的概念、制度安排及其发展历史；几种主要的养老方式及对应的组织形态；如何陪伴临终者走完生命的最后阶段；如何帮助家属从丧失亲人的悲痛中走出来，重新开始自己的生活，并使之向上升华。当然，两位作者的视野并不局限于临终关怀，她们也非常重视老年人和重症病人的生活质量，并希望这本书能对那些走到生命最后几年，但是还没有离死亡特别近的老年人和病人有所帮助，所以她们用相当篇幅讨论生命质量、护理态度和缓和医疗等问题。

值得称道的是，这不是一本复杂深奥的书。作者声明，"我们力求将这本书写得简单易读，篇幅短小精悍。这本书涵盖的内容，不需要读者有任何医学或社会学的专业背景。我们希望这是一本对每一个普通人都有现实意义的书"（见第一章）。显然，作者兑现了自己的承诺。本书简明扼要，深入浅出，文笔流畅，能使读者用极小的时间代价获取较大的"实用性的帮助和精神上的支持"（见第一章）。

作者指出，"如何安度晚年，是全社会必须关注的话题，也是与我们每个人息息相关的话题"（见第一章），"我们大部分人，有一天都会面对亲人的年迈和死亡，也许还将承担起护理亲人的责任，尽可能帮助他们保持身心愉快，平静安详地走过生命最后阶段"（见第四章）。所以，我们每个人都应该读一读这本书。

三

《最后的陪伴》的许多内容来自英文原作的作者乔安娜"自己真实的生活经验"（见英文版后记），因而读来格外亲切、真实、生动、感人至深。乔安娜长期关心老年护理和临终关怀的问题，在过去的二十年中亲自护理过几十个走到生命末期的亲人和朋友。为了深入了解老年护理，她还在五十多岁的时候去学习护理，并获得助理护士的证书。她虽然不是专业的社会学家，但一直关心和思考老年护理的社会问题，并且积极投身于相关的社会活动。这本书就是她自己亲身体验和深入研究的结果。

高质量的老年护理和临终关怀，需要护理者投入大量的时间，需要系统的专业知识，需要良好的硬件设施，需要成熟的法律体系，但是，最重要的是需要护理者自己的全心投入。亲人的爱、专业护理人员的良知是老年人和重症病人在晚年和临终阶段获得安宁幸福的最关键的保证。这是《最后的陪伴》向我们传达的最强音。本书文字亲切、自然、真实，字里行间充满了爱，反复强调护理者的责任和对这种责任的无畏担当，同时也淋漓尽致地表达了当事人从这种担当中体验到的极度幸福。这些浸透着爱的文字是我们在其他同类书籍中很难读到的。坦率地说，我被它们深深地打动了，多次掩卷遐想书中所描述的一个个场景，也努力尝试体验作者的心绪和感悟。

"当乔安娜回想起自己母亲去世前的两年，她觉得可能不是所有的选择都是百分之百地正确，可能有一些事，如果要她重新决定，她会有不同的选择，但是最重要的是，她相信自己当时在面临选择时，都尽了最大的努力。在母亲去世之后，乔安娜深深感到自己在照料母亲的过程中经历过的一切，愉快的、不愉快的、艰难的时刻，都是她人生中宝贵的体验。她不仅没有后悔、没有哀怨，而且非常感谢命运给了她这样深刻体会生命与死亡的机会。"（见第六章）在陪伴亲人的过程中，乔安娜"体验到了生与死的变换和交接……了解到生命的变幻莫测和死亡的不可预知……经历了惊心动魄的时刻……留下了欢笑和美好的回忆……获得了人生中最震撼灵魂的体验……消除了……对死亡的恐惧"（见英文版后记）。

"在面对亲人的重病和死亡时，很多人都要面临一些生活的抉择。有时候一家人会有不同的选择，有时候每个人都要在不同的选择之间做一番心理斗争。对于每一个人来说,也许最好的选择标准就是,当他日后回想起这段面临亲人重病和死亡的日子,不会后悔自己的选择,也相信自己尽力给了临终的亲人最大的关爱。"(见第六章)这是作者给我们的最宝贵的忠告。

四

每个社会、每个时代都有自己的死亡体系,帮助其成员应对死亡。古代中国建立了一整套系统、完备、博大精深的死亡体系。这套体系被近现代变迁摧毁了,取而代之的是一套革命死亡体系。但是,改革开放又摧毁了这一革命死亡体系。于是,今天思考死亡问题的人们,四顾茫茫,两手空空,只好从零开始思考和探索。

在世俗化的冲击下,宗教衰落,唯物主义兴起。尼采说:"上帝死了!"没有了神的支持,人必须独自面对死亡。在西方,存在主义承担了回答生死意义的重担,但是它并没有很好地完成这一任务。

生与死是一个谁都不能回避的"大问题"。每一个伟大的文明,特别是它的宗教,都要解决这一问题。佛教、基督教、伊斯兰教都承诺灵魂不死。儒家不同,它认为人生是有限的,个体生命不能永生。这一点儒家非常豁达,非常理性,看起来似乎非常冷酷。尽管不承认灵魂可以不死，不相信个体能够免于一死，但是儒家仍认为个体能够超越"死亡"和"有限"，达到"不朽"和"无限"。

与一般的宗教不同，儒家不是通过出世，而是通过入世超越死亡和有限，不是在来世和彼岸寻求永恒和幸福，而是在今生和此岸实现不朽和理想。

余英时在《中国古代死后世界观的演变》中谈到了"个体的不朽"和"集体的不朽"，以及"个体借助集体达到不朽"的思想。那么，个体如何通过集体达到不朽呢？

儒家提供了三条途径。第一，个体要繁衍后代，通过家族生命的延续超越个体的死亡，即"不孝有三，无后为大"。祖先崇拜、慎终追远的意义就在于此。相应地，古代中国发展出一套繁复华丽、内涵深刻的丧葬和祭祀礼仪程序。

第二，个体要做出有利于集体的事情，而且这种事情的效用要能够长期延续，即通过建立惠泽千秋万代的功业实现个体生命的不朽。中国思想中关于不朽的典型学说是《春秋左传》中的"三不朽"说。叔孙豹有言："太上有立德，其次有立功，其次有立言；虽久不废，此之谓不朽。"不朽在于有不可磨灭的贡献。世间没有永恒的生命，但是有永恒的事业。《大学》提出了"明明德""亲民""止于至善"的人生三大目标，又指明了通向这三大目标的八个阶梯——格物、致知、诚意、正心、修身、齐家、治国、平天下。也就是说，君子圣贤的人生理想不是成就一己之私，满足一家之利，而是以天下苍生为己任，甚至以天地万物为一体。这就是孟子所谓的"亲亲而仁民，仁民而爱物"。

第三，个体要与天地共存，与大道同在，也就是最高的人生境界"天人合一"。此时，个体进入了绝对的永恒状态，因为没有比天道更为恒久的东西了。儒家认为，天道不在别处，天道即在人性之中，天道与人道是相同的，在天为道，在人为仁。所以，孟子提倡通过"尽心""知性"，然后"知天""事天"。

如果非要按照其他宗教的思维习惯来提问：中国士大夫的"末日审判""天堂""地狱"在哪里？那么答案是：在历史之中。历史的审判就是末日审判，青史留名、流芳百世就是进天堂，遗臭万年就是下地狱。历史使永恒成为可能。这一点文天祥表达得最为充分，"人生自古谁无死，留取丹心照汗青"。

儒家通过入世，而不是出世，超越生死。通过此生的积极作为，践行天道，超越生命的有限，达到永恒。永恒不在彼岸，不在天堂之中，而在此岸，在社会之中，在活人的心中，在历史之中，即所谓"三不朽"。这是最积极的宗教，最负责任的宗教，也是最理性的宗教精神，它达到了"极高明"的境界。

在全球化时代，当我们重建死亡体系之时，既要学习西方的经验，更要继承自己的传统。如今的问题是，绝大多数中国人,既不了解外面的世界,又患有数典忘祖的痼疾。因此,我们既需要学习外部世界,又不能全盘某化;既需要继承自己的传统,又不可抱残守缺;我们应在学习和继承的基础上吸纳改造,推陈出新,重建属于我们这个时代的死亡体系。这是我们唯一的出路!

中国人民大学非营利组织研究所[1]所长 康晓光

---

1 编注:中国人民大学非营利组织研究所于2016年正式更名为中国人民大学中国公益创新研究院,中国人民大学公共管理学院教授康晓光担任院长。

序 2

美国心理学家欧文·亚隆曾经把直面死亡比喻成"直视骄阳"。可不是吗？日常生活中，太阳晒在头顶上，却不敢抬头看，强行去直视，紫外线强光一定会灼伤眼睛，变通的办法是戴上墨镜，呃！多看几眼也无妨。生死教育也一样，不必在没有知识与观念准备的情况下，强行撕开死神的面纱，将那一番恐惧推到众生面前。我们可以在医学关怀与照料的"墨镜"下，由衰老境遇的推演逐步切入死亡的话题，譬如生命尽头的照料与关怀。家有老人，日渐垂暮，离开的日子一步一步临近，生的品质，死的尊严，顺理成章地摊在我们面前，于是，直面死亡变成直面生命的关怀，也就不那么冷峻、不那么突兀了。

在流行专业化服务外包的社会里，各种富人、忙人常常把至爱亲朋的临终关怀转化成一串事务性的任务清单，委托、外包给专业机构，由此来减轻内心的负重感，也免去对衰老死亡的深沉思考。这或许算不上是亲情卸责，却也是一次次精神的逃逸。我们的内心深处有一份莫名的害怕。我们害怕什么？是害怕与垂暮的老人对坐,凝视那双有些浑浊的临终的眼睛?还是害怕把手搭在老人的心口,或者轻轻地抚摸老人布满皱纹的额头,就像当年你在襁褓中,他对你的凝视与抚摸?我们更不堪启齿的是,每个人的生命都会有尽头,你在前边,我在后边,下一个驿站里,我们还会重逢,在你先去的日子里,晚辈们、朋友们会牵挂你,感恩你。电影《相约星期二》里的主人公莫瑞教授说得好:死亡没有终止我们与逝者的情感纽带,彼此的深情牵挂能够穿越阴阳两界。

无疑,人类的生命长河绵延不尽,靠的是代际亲情的世代缀连。在亲情代代传递的过程中,养育之恩被不断地赞颂,既然育儿是一份责任和人生胜任力,那么同样,孝亲关怀也是一份责任和人生胜任力。而随着长寿(老龄)社会的来临,这份胜任力的宝贵更加凸显。但是,这份胜任力不是无师自通的,它需要我们学习必要的知识,并在陪伴的体验中开悟,在各种义务关怀中日臻成熟。这本小册子便是开启这项能力训练的最佳读本。

临终关怀的话题始于医学,却是高于技术医学的。如今的重症医学、老年医学都过于胶着于躯体的生物学细节,而忽视身—心—社—灵的全人眷顾;过于注重治疗与干预,而轻视照顾与陪伴;过分发展生命支持系统,而轻视生命尊严和品质的选择。它们只着力于强力抗击死神,而不曾与死神对话、对斟,只求以人机混合生命苟延残喘,而漠视道情、道歉、道爱、道别的人性之美。正是技术拜物教与消费拜物教的双重壅塞让我们的灵魂迷失。因此，临终关怀与生命本质的哲学叩问也将廓清医学的目的与价值。我们应该形成一种社会共识：老人、病人仙逝不是医学的无能与医生的失职，他们得不到全人的照顾，孤苦上路才是医学的无能与失败。因此，在病人的生死桥头，医生与家属都不要再为维护毫无品质的人机混合生命而无谓消耗，而应携手维护临终者最后的尊严和品质。这一天迟早要来临，如同史铁生的诗，"死是一个必然会降临的节日"。生命不仅有长度，还有宽度、温度、厚度、澄澈度，临终时的丝丝关怀，往生后的绵绵思念，都会让我们的生命内涵更丰满，灵魂更强大。

北京大学医学人文学院教授　王一方

目 录

第一章 关于本书的阅读和使用 / 1

为什么要写这本书 / 2

本书的读者对象 / 4

如何使用本书 / 5

关于本书风格的一些说明 / 5

如果你已经在承担护理亲人的责任 / 6

如果你还没有护理经验 / 7

如果你需要护理罹患绝症的儿童 / 7

对所有读者的建议 / 8

关于本书的英文版 / 8

关于本书的中文版 / 9

第二章 护理者的心理状态 / 11

非紧张状态：目前没有紧急护理责任，但是开始提前考虑以后可能发生的情况和需要承担的责任 / 14

较紧张状态：面对不断增加的护理亲人的责任 / 25

紧张状态：忙于应对健康危机 / 28

超紧张状态：整日疲于奔命地照料生活不能自理的亲人 / 34

第三章 护理者的角色定位 / 37

需要考虑的因素 / 38

朋友互助和心理咨询 / 39

护理责任的轻重 / 42

主要护理者的角色 / 42

其他相关责任 / 43

远程帮助 / 44

尊重、感激和支持主要护理者 / 45

第四章 了解亲人对晚年生活的愿望 / 49

第一阶段：护理者自测 / 51

第二阶段：了解被护理者的愿望 / 53

第三阶段：保持交流和补充了解 / 54

附录："我的愿望"测试问卷 / 54

第五章 养老地点和方式的选择 / 63

不同养老方式的选择 / 64

居家养老 / 68

　　各种形式的养老机构 / 73

　　亲情的力量 / 80

第六章　家庭内部的交流 / 85

　　家庭会议 / 86

　　冲突和抉择 / 87

　　后备计划 / 89

　　交流工具 / 91

第七章　从现在开始规划 / 97

　　指定医疗决策代理人和确立生前预嘱 / 99

　　遗嘱和执行人 / 108

　　列一个至亲好友名单 / 110

　　筹备殡葬、追悼服务 / 112

　　相关宗教仪式和祭奠 / 113

　　筹备葬礼 / 114

　　追悼仪式 / 116

　　丧宴 / 117

　　附录1：生前预嘱样本1 / 119

　　附录2：生前预嘱样本2 / 123

　　附录3：丧葬活动计划表 / 126

　　附录4：美国加利福尼亚州生前预嘱公益宣传手册　/ 127

附录5：北京生前预嘱推广协会《我的五个愿望》/ 134

第八章　临终关怀、善终服务、安宁疗护和缓和医疗 / 147

什么是临终关怀、善终服务和安宁疗护 / 148

从善终服务到缓和医疗 / 158

什么时候开始寻求善终服务 / 163

第九章　关于死亡：鲜为人知的六件事 / 167

死亡的假警报现象 / 168

回光返照 / 169

动物的预感 / 171

与死去的人交流 / 173

见证死亡的灵魂体验 / 174

医疗原因造成的特殊情况的处理 / 175

第十章　生命的最后时刻 / 179

是否让临终的人知道他即将死去 / 180

临终的人该吃什么 / 184

音乐和死亡过程 / 186

临床观察和控制病痛 / 187

身体的变化 / 189

充分的交流 / 190

死亡的时刻和仪式 / 192

第十一章　当沉浸在悲痛中 / 195

　　亲人去世前的哀痛 / 196

　　亲人去世后的心理调整 / 197

　　疲惫、失落和麻木 / 199

　　悲痛、愤怒、孤独和其他强烈情感 / 200

　　感觉去世的亲人好像还在身边 / 201

　　顺其自然地调整自己的哀思 / 202

第十二章　我们能为社会养老做什么 / 205

　　老年关怀"储蓄"系统 / 206

　　以房养老 / 207

　　老年服务人员的专业培训和等级划分 / 208

　　资源分享和互惠 / 209

　　提高学术界乃至全社会对"生命质量"的认识 / 210

　　加强"死亡教育",提高对死亡的认识 / 211

英文版后记:我为什么要写这本书 / 213

中文版后记:我们的探索与期望 / 219

附录 I　相关图书 / 227

附录 II　《联合国老年人原则》/ 235

第一章　关于本书的阅读和使用

* 为什么要写这本书

* 本书的读者对象

* 如何使用本书

* 关于本书风格的一些说明

* 如果你已经在承担护理亲人的责任

* 如果你还没有护理经验

* 如果你需要护理罹患绝症的儿童

* 对所有读者的建议

* 关于本书的英文版

* 关于本书的中文版

为什么要写这本书

老龄化社会是个世界性的现象。目前世界上很多国家，包括美国、加拿大、日本等，都已经进入了老龄化社会。根据联合国人口报告，从 1980 年到 2000 年的 20 年间，全球 65 岁以上的人口增加了 12%，80 岁以上的人口增加了 33%，预计到 2030 年左右，全球工作人员里至少有 10% 是 60 岁以上的。[1] 据联合国《世界人口展望 2022》（*World Population Prospects 2022*）报告预计，到 2030 年全球人口将增长至 85 亿左右，2050 年达到 97 亿，21 世纪 80 年代达到约 104 亿的峰值，并保持这个水平到 2100 年。而全球平均预期寿命继续增加，叠加生育率下降，将加剧人口老龄化，老年人护理需求增加，将影响劳动力市场和国家养老金体系。65 岁以上人口占总人口比例，2022 年为 10%，到 2050 年将升至 16%。[2]

中国是世界上老龄人口最多的国家，并且已经于 20 世纪末进入了老龄化社会。从世界范围看，中国属于较晚进入老龄化社会的国家，但从 2000 年步入老龄化社会以后，老龄化发展速度在加快。据中国发展基金会发布的《中国发展报告 2020：中国人口老龄化的发展趋势和政策》测算，2025 年"十四五"规划完成时，65 岁及以上的老年人将超过 2.1 亿，占总人口数的约 15%。如果以 60 岁及以上作为划定老年人口的标准，中国的老年人口数量将会更多，到 2050 年时将有接近 5 亿老年人。[3] 因此，养老问题也越来越受到全社会的关注。

一方面，随着社会进步和科技发展，人类寿命显著延长了。另一方面，虽然在过去的一个世纪里医学取得了惊人的进步，但医学的发展仍然不能完全地满足人们的健康需求。现代医疗科技虽然成功地延长了人们的生命，但是不能保证人们在高龄期不受疾病的困扰。现代社会中的老年人，能够有更长的寿命，享受更高水平的生活，但同时也要应对各种疾病的挑战。

我们当前面对的养老话题，不同于以往任何一代人。在我们生活的时代，人类平均寿命达到了前所未有的高峰。现代医疗水平发达，解决了很多疑难病症，也使大部分人活得更长并维持相对更好的健康水平。而我们的社会还没有积累足够的健康、快乐养老的经验。因此，养老问题将会是个漫长深远的话题，可能会跨越几代人的时间。

美国学者，死亡学创始人伊丽莎白·库伯勒-罗斯（Elizabeth Kübler-Ross）在她的著作《死亡与临终》（*On Death and Dying*）中指出，在现代社会中，人们把所有的注意力都放在如何活得好上，却非常忌讳谈论甚至想到死亡。正是这种对死亡的避讳和恐惧，影响了人们晚年生活的质量和快乐感。

如何安度晚年，是全社会必须关心的话题，也是与我们每一个人息息相关的话题。我们写这本书的初衷，就是希望与读者分享关于老年护理及老龄关怀的一些意见，给出陪伴建议，并希望读者可以通过这本书进一步对这些问题进行思考，从而发起更多的相关讨论。

本书的读者对象

我们希望通过这本书向读者介绍一些护理老年人和临终病人的重要概念、注意事项和相关观念。这不是一本复杂深奥的书。我们力求将这本书写得内容简单易读，篇幅短小精悍。这本书涵盖的内容，不需要读者有任何医学或社会学的专业背景，对每个普通人都有现实意义。

老年护理是一个牵涉面很广的话题。在这本书里，我们主要侧重于一些与老年人和他们的家庭每日生活息息相关的内容，希望这些内容对老年人和关心他们生活的亲人们有直接的启发和帮助。对于那些与老年护理相关的更深入的医学、心理学、社会学等方面学术上的探讨，在本书中不做赘述。但我们在本书末尾和一些章节中提供了更多的参考资料，读者可以通过这些参考资料和相关网站对自己感兴趣的内容做进一步的了解。对于书中涉及的统计数字及相关的医学、经济学、社会学的研究结果，我们尽量给出学术著作的出处，供有兴趣的读者进一步参考。但是，这些引用并加以讨论的学术研究，也都是用来说明一些现实问题，我们在书中对这些问题的讨论也是从现实出发，并无艰深之处。

在我们开始写这本书的时候，我们设想主要的读者对象是老年人自己和他们的亲友们。同时，我们也意识到，我们大部分人都终将面临老龄生活，并且希望自己的老龄生活健康、愉快。因此，我们希望这本书不仅能帮助一些读者规划和筹备年迈的父母或其他亲人的老龄生活，也能帮助更多的读者了解和规划自己未来的老龄生活。我们希望书中提供的一些信息能帮助各个年龄阶段的读者提升自己和家人的生活质量。

如何使用本书

你可以按照任何一种自己喜欢的方式来阅读本书，可以按章节顺序，也可以直接从任何一章开始读起。一些章节的末尾收录了一些表格，有的表格可以帮助你整理自己的思绪，有的可以辅助你与亲人之间的交流，有的可做参考之用。你可以在阅读过程中使用这些表格，还可以把一些表格复印多份以供多次使用。

关于本书风格的一些说明

本书中经常会出现"亲人""家人""家庭"等字眼，我们在这里特别指出，家庭并非一定是由有血缘关系的亲属构成的。我们生活中常常会有一些亲密的朋友、同事、宗教组织或社会组织里的伙伴等，他们与我们互相帮助、互相关心，他们对我们的意义不亚于亲人。因此，本书中提到的"亲人"和"家人"也包括了这些与我们没有血缘关系的社会大家庭的成员。书中提及老年护理时，一些与家庭和家人相关的内容也同样适用于这样的非血缘关系的"亲人"。老年护理不仅仅是个家庭话题，也是个社会话题。在老年人的生活中，非血缘关系的朋友、伙伴往往也承担了重要角色。

为了叙述的方便简洁，书中很多地方在提及护理的时候只提到老年人及其配偶、子女、其他亲人和朋友，但本书讨论的老年护理和临终关怀概念、原则和一些实际问题的处理方法同样适用于危重病人和绝症病人的护理，并非仅限于老年人。

书中穿插了一些我（乔安娜）本人及亲友亲身经历的小故事。我会尽量交代清楚故事背景，将这些小故事与理论性内容区分开。

为了叙述的方便，我们假定读者是护理者，统一称"你"；对被护理者则统一称"他"，不区分性别。

如果你已经在承担护理亲人的责任

如果你已经在承担护理者的责任，正在照料年迈或罹患绝症的亲人，那么这本书或许可以为你提供一些实用性意见，辅助你考虑一些护理中的重要问题，并有可能帮你排解震惊、悲痛或慌乱的种种复杂情绪，帮你更好地帮助和照料受病痛之苦或面临死亡的亲人。

如果你的密友或亲人正面临死亡，那么你可能是他很重要的精神支持。你或许能帮他积极面对"死亡"这个很多人害怕和回避的问题。通过阅读本书，或许你能深入了解他在生命最后阶段的一些重要愿望，并且帮助他以积极乐观的态度走完生命的最后旅程。

如果你还没有护理经验

如果你还没有护理经验，但是可以预期将来会承担起照料年迈或重病的亲人的责任，那么我们希望本书可以提供给你一些必要信息，帮助你提前规划，在护理责任到来之前就做好精神上、感情上和实际生活上的准备。

如果你需要护理罹患绝症的儿童

虽然本书中很多观点和概念适用于对任何绝症病人的关怀和护理，但儿童护理并非本书的重点内容。因此，如果你需要深入了解专门针对患儿的护理，那么我们希望你在从本书正文获得一些基本概念之余，也能从本书的参考资料中了解到一些相关内容。

对所有读者的建议

对所有关心老年护理和临终关怀的读者，尤其是正在承担着繁重的护理责任和承受着巨大精神压力的读者，我们建议你在阅读本书的同时，积极与你的亲人和朋友进行交流。很多时候，与别人交谈就是对自己心灵最大的安慰。来自家人、朋友、同事、伙伴、社会工作者、心理咨询师等各方面的支持，都有可能在一定程度上帮助你缓解精神压力和哀伤情绪。我们希望本书能为你提供一些与亲友交流的实用性建议。同时，我们也希望对本书内容的讨论成为你与父母、儿女、兄弟姐妹或其他亲人交流的媒介。

关于本书的英文版

本书的英文版于2010年由美国出版社 Levellers Press 出版。本书的出版引起了强烈的社会反响和各界读者关于养老和临终关怀问题的热烈讨论。英文原版作者乔安娜·丽莲·布朗女士在图书出版后接受了包括美国国家广播电台在内的多家电台、电视台采访，并接受邀请，在很多大学、地区性老年中心、公共图书馆、书友会和其他社会组织发表了演讲，分享自己对居家养老和社会养老的见解。

关于本书的中文版

养老和临终关怀是国际性的话题，不同国家、不同文化环境和不同社会体系中的人们对健康养老和临终关怀有着几乎同样的需求和非常类似的要求。因此，本书的中文版和英文版内容大体一致。本书的中文版在英文版的基础上，删去了一些专门针对美国读者的对美国相关法律和养老花销预算等问题的讨论，添加了一些适合中国读者的相关内容，以及一些对过去几十年西方养老观念、学术概念的基本介绍和中国养老的现实问题等，并增加了一些中文的参考资料。

参考资料：

1. World Population Ageing: 1950—2050. United Nation, Population Division, 2002.
2. World Population Prospects 2022: Summary of Results. United Nation, 2022.
3. 《中国发展报告2020：中国人口老龄化的发展趋势和政策》，中国发展基金会，2020。

第二章 护理者的心理状态

随着被护理的亲人日渐年迈、衰弱,直至走向生命最后的阶段,护理者也会随之逐渐经历不同的心理状态阶段,面对各种各样的挑战。本章按递进顺序,介绍了护理者可能会逐渐经历的各个心理状态阶段,并且针对每个阶段的特点,提出了一些建议和应对各种常见问题的方法。

这里描述的护理者的心理状态阶段依序是:

* 非紧张状态:目前没有紧急护理责任,但是开始提前考虑以后可能发生的情况和需要承担的责任

* 较紧张状态:面对不断增加的护理亲人的责任

* 紧张状态:忙于应对健康危机

* 超紧张状态:整日疲于奔命地照料生活不能自理的亲人

了解自己所处的境况和心理状态，可以帮助我们认清目前的现实并为下一步做好打算。大部分年轻人和刚刚步入中年的人，可能都处于本章所说的"非紧张状态"。很多老人终其晚年都能保持身体健康，生活基本上可以自理，那么，他们的家人也基本一直处于"非紧张状态"。本章中列出的一系列状态（非紧张、较紧张、紧张和超紧张状态）并不是断言所有的护理者都必然会一步步走向超紧张状态，但这样的划分可以在一定程度上代表大部分护理者在不同境遇下的感受。照顾年迈体弱或临终的亲人不是一个轻松的任务，护理者往往会承担很多体力劳动和巨大的心理压力。预先了解护理者可能经历的各个阶段，可以让我们更早地从心理上和实际生活中为这些阶段做一定的准备。对这些阶段的了解，也能帮助我们从每个阶段学到一些宝贵的经验，从而更好地面对下一个阶段。一个处于"非紧张状态"的子女，可以提前规划父母的养老，为"较紧张状态"或"紧张状态"做一些简单的准备。如果家里的老人身体健康，也不需要太多护理，那么这些准备工作可能长期都不需要付诸实践，但备而不用远远强过没有准备而到了需要的时候却措手不及。

在我们的生活中，很多人不愿意讨论自己或父母的晚年生活，甚至连想都不愿意想，觉得年迈、生病、行动不便，都是非常可怕的事情，不堪面对，但是，在现实生活中，年龄增长和身体的变化都是生命正常的发展。随着全社会生活水平的提高和人类寿命的延长，越来越多的人可以享受更长的生命，老年人占人口的比例也会越来越高。许多人在年迈以后完全有能力维持健康的体魄，享受快乐的晚年。很多时候，人们对晚年生活的这种盲目紧张和恐惧的心理来自缺乏相关知识和相应的计划。不去考虑人生的最后阶段，并不能避免或推迟它的到来。一味地逃避只会让人在不得不面对它的时候更加手足无措。古语说"人生七十古来稀"，而在现代社会，随着全社会生活水平和健康水平的提高，70岁的老人已经不能算稀少，越来越多的老人能够健康生活到80岁、90岁，甚至更长寿。

随着这种社会变化，人们对"老年"的认识也在改变。在二十世纪初，由于战乱、灾荒及医疗水平、生活水平的限制，新生儿的预期寿命只有31岁。因此，早期研究者一般把50岁定义为"老年"。一个世纪以来，人类的平均寿命显著延长，健康水平也显著提高，因此，人们对"老年"的概念也在变化。现代研究者一般把"老年"定义为60岁以上。近年来，已经有越来越多的研究者和政策制定者主张把"老年"定义为65岁以上。在未来社会，也许"老年"的定义还会有所变化。

按照目前的"老年"定义，如果我们把60岁以后的生活看作老年生活，那么对于一个80岁以上高寿的老人来说，老年生活将占他全部生命的1/4，甚至更多。在未来的几十年，80岁以上的高寿老人将会越来越常见，很多人在60岁以后可能都还有中年人一般的旺盛精力，老年阶段可能会占他们生命的 1/3，甚至更多。这个重要而漫长的生命阶段，值得每个人好好规划和充分享受。通过对晚年的生活状态和护理需要的介绍，我们希望读者，包括老人自己及照料他们的亲人，对人生的这个阶段有更充分的了解，并且能根据自己的生活现状做出可行性规划，充分享受当下生活。

非紧张状态：目前没有紧急护理责任，但是开始提前考虑以后可能发生的情况和需要承担的责任

如果你的亲人尚未步入老年，或者才刚刚步入老年，身体健康，生活完全可以自理，日常生活上并不需要依赖他人太多的照料，那么你就处在这一阶段。大部分年轻的读者，父母尚未年迈，也是处在这一阶段，并且离下一阶段的距离尚远。在这一阶段，你可能还无须承担重大的护理责任，但是已经开始考虑到在或远或近的未来，有一天你的亲人可能会需要更多的照料，可能会开始出现一些老年人常见的慢性病，可能会需要进行一些小手术，也可能会在日常起居方面需要更多的看护，比如买菜、做饭、搬东西，等等。

在非紧张状态阶段中，你的生活可能会慢慢地经历一些细微的改变。有时候这些改变非常小，可能小到几乎令人注意不到，也不会让人觉得是一种负担。如果你和需要被照料的亲人

不住在一起，那么生活中的这些改变可能包括更经常地探望他们，更多的电话联系，越来越多地替他们买东西或者处理一些生活琐事。如果需要你照顾的亲人和你住在一起，那么可能他们会渐渐地放弃一些以前常做的家务，转而由你来处理。

在这一阶段里，你和你的家人可以考虑着手做以下几件事。

了解你的亲人

如果你的亲人目前还处于良好的健康状态，思维也比较清晰，那么你应该考虑到，当一个人健康恶化的时候，他可能会失去语言和交流的能力。这可能是疾病给你们的生活带来的最痛苦的变化之一，而且这样的变化可能是不可逆转的。

所以从现在开始，你就应该多了解自己的亲人，包括他的生活习惯，喜欢做的事和擅长做的事，比如绣花、织毛衣、木刻、演奏乐器、养花、烹饪，等等。很多人可能会觉得自己和亲人之间已经彼此非常了解，但如果你试着通过各种途径和对话着意去了解亲人的习惯和喜好时，你将会有很多新的发现，这些东西正是在日常生活中往往被我们忽略，被"视而不见"的。在生活的任何阶段，我们都应该珍惜与亲人的交流。这样，在有一天这种交流不能维持的时候，我们才不会因为长期忽视自己最熟悉的人而感到深深的遗憾。同时，这种长期积累的交流和了解可以帮助我们在生活发生变化的时候想办法通过新的方式维持一定程度的交流。

我们知道，一些老人在晚年阶段语言、视觉、听觉等能力会逐渐减退，甚至丧失，这些情况都会给交流带来障碍，但是，很多家庭仍然可以想办法根据老人的具体情况发展一些新的交流方式，比如老人可以通过做表情、眨眼睛、动手指表达自己的意愿，你根据这些表达判断他生活上和精神上的需要，而这些交流方式的发展往往基于一家人长期的了解。因此，在老年护理的非紧张状态阶段，在你和你的亲人可以充分地通过语言和家庭活动交流的时候，请珍惜这些机会，尽可能地增加彼此的了解！

整理和标记照片

如果你的亲人收集了一些家庭照片，但是没有给所有的照片加注释，那么从现在开始，你们可以一起整理这些照片，并在照片的背面或相册上加以详细的标注。如果这些照片还零散地放在纸口袋或鞋盒子里，那么从现在开始，你们可以花一些时间把它们按时间顺序整理分类。即使你没有时间把它们全部整理到相册中或扫描到电脑中，如果你能认出大部分照片中的人物和事件，那么你也在很大程度上保存了家庭的历史。对于一些人来说，没有在父母健在的时候完全了解家庭的历史，是一个永久的遗憾。

用录音、录像或笔记的形式记录亲人的故事

人们往往有很多关于他们自己和祖辈生活的故事。如果你希望保存家庭历史中的这些故事，比如你的祖父辈和曾祖辈的生活，以及在收音机、电视、电话、电脑发明以前的生活，那么从现在开始，你可以尽量多地记录家中老人们的故事，留做日后的纪念。

乔安娜对此深有体会。乔安娜在她敬爱的祖母去世之后，常常很庆幸自己的姐姐在祖母健在的时候拍摄了一段关于祖母的录像。在祖母晚年的一天，乔安娜与姐姐和一个表妹去探望祖母，她们拍了一些合影，同时开着摄像机，录下了她们与祖母对话和拍照的过程。在她们随意而自然的对话中，祖母还传授给了她们一种自己最喜欢的甜点的做法。这卷录像带至今是乔安娜家族里最宝贵的财产之一。

请不要拖延这个记录家庭口述历史和家族故事的行动，不要认为你可以在任何其他的时候开始做这些事。我们都无法预测自己还能与亲人共度多少时光，也无法预测亲人还有多少时间可以保持良好的健康状态和清晰的记忆，可以准确地讲述家族故事，准确地认出所有家庭照片里的人物。无论是通过录音、录像还是其他方式来整理这些家族故事，你最终都会庆幸自己花时间做了这些事，也会充分享受它们日后为你带来的温馨回忆。

了解和体会生理功能不健全的状态

许多人在从健康走向衰竭之前会经历一个虽然没有走近死亡但失去部分生理功能的状态。这个阶段可能持续几个月，也可能几年，甚至更长时间。在这个阶段，年迈或重病的人可能逐渐失去一些享受生活的能力，无法做他们以前喜欢做的事。也许他曾经喜欢烹饪和美食，现在却只能吃得下罐头食品或半加工食品，甚至只吃得下零星的食物。也许他曾经喜欢运动和做手工，现在却只能静卧在床。失去一些生活能力并不意味着病人就彻底无法享受生活。预先了解和体会这些可能会发生的生理功能不健全的状态及护理中可能会遇到的困难，可以帮助病人和护理者在生活上和心理上提前做好准备，并且根据病人的状态尽量安排好他的生活和娱乐。

了解与体会失去活动能力和兴趣的状态

人处在这种生理功能不健全的状态时，可能会中止一些他曾经喜爱的思维活动、文化活动或创造性活动，比如看戏、参加音乐会、读书读报、做手工和参加社区活动，等等。他对这些活动失去兴趣可能是因为逐渐减退的视力或听力，可能是因为身体太弱无法再开车或出门活动，可能是因为越来越频繁出现的失忆现象和生理疾病，可能是因为配偶的疾病或逝世，也可能是因为身边的朋友渐渐搬走、病倒或死去。

你与年迈的亲人探讨他生活中最重要的兴趣爱好可能会帮他找到一些解决的办法。通过了解他的喜好，也许你能拜托邻居带他去音乐会，也许能帮他联系到老年社区服务，也许可以带他去社区活动中心参加娱乐活动，也许可以安排家庭成员轮流陪伴他去参加一些他感兴趣的活动。

发展新的兴趣爱好

尽管一个人在失去部分生理功能的时候，生活圈子会变得越来越小，但新的兴趣爱好还是有可能培养起来的，一些旧的兴趣爱好也可以在一定程度上保留。人逐渐年迈的过程是一个逐渐适应的过程。很多人在体力逐渐消退的时候仍然保持着对生活的热爱，并且能根据自己的实际状况做一点调整，继续享受生活。

一个朋友的母亲一直很热爱户外活动，喜欢远足和观鸟。在她生命的最后阶段，她的健康状况已不允许她再去户外散步，但是她在院子里安装了一个天然喂鸟器，吸引了很多鸟儿来取食。每天在窗前或院子里欣赏这些鸟儿，成为她生活中最大的乐趣之一。

乔安娜的母亲一直很喜欢做纵横字谜。她在 80 多岁的时候，因为体力下降，不能经常出门活动，做纵横字谜更成为她每日的主要娱乐之一。在她生命的最后几年，她醒着的时候，大部分时间都在做纵横字谜。随着年龄的增长和思维能力的衰退,她解字谜的能力逐渐下降了,但子女们发现她的远期记忆并没有受到影响。像很多老人一样,"记远不记近",她可以记得许多以前做过的字谜的答案,却不记得自己做过这些字谜。所以子女们买了很多本完全相同的字谜书。由于近期记忆丧失,她从来没有发现她一本接一本地用的是同一本字谜书。而她的远期记忆又可以使她比较容易地解出大部分字谜,因此非常开心。这个例子告诉我们,通过细心的观察,我们总可以发现一些办法来让生理能力丧失的亲人仍然享受一些有乐趣的活动。

投入时间为将来做打算

当你的亲人思维和生理能力减退、兴趣爱好变少的时候,你或许应该考虑到,将来有一天,他会需要更多的照料。在这个时候,作为他的亲人和将来的护理者,你需要投入时间来了解一些看护理念和技巧。这是一种时间上的投资,它会在未来的若干年中给你带来回报,减少许多不必要的麻烦,使你更有效地照顾自己的亲人。在为将来做打算的时候,以下一些方面的考虑或许会对你有帮助。

* 阅读本书第七章的内容,在现阶段你可以向你的亲人了解他的遗嘱和法律文件。如果你的亲人不愿意谈论衰老、疾病、死亡或葬礼安排,就不要强迫他。你可以通过一些其他的问题来了解他的意愿及将来什么样的追悼活动是最符

合他的心愿的。比如,"你最喜欢的音乐家是谁?"或者"你最喜欢读的书是什么?"

* 尽量陪伴你的亲人去每一次重要的医疗门诊,或者委托一个值得信赖的人去,并做一定的记录。当你的亲人年事已高,或者身体虚弱的时候,他很有可能无法正确地理解和记忆门诊中的所有信息。有时候医生也可能会忽略了这点,没有反复确认病人是否完全理解了医生所说的。很多年迈的人不能够时刻保持对医疗信息的注意力和理解力,更何况一些疾病和治疗方案本来就很复杂,对年轻人来说都不是非常容易理解。因此,在涉及有关医疗,尤其是服药的信息时,医生有必要跟老人反复确认,确保他了解医嘱并且会按医嘱服药。

一个朋友的母亲患心脏病,身体状态很差。她在陪伴母亲去看门诊的时候,非常惊讶地发现她母亲好像根本没听到医生对一种很重要的药的嘱咐。于是她请医生再解释一遍用药方案,然后很郑重地对她母亲说:"妈,你听到医生说的了吗?医生说如果你不按时吃药,你的心脏就不能在几天内调整好,那么你很快就会死了!"听了这个,她母亲才好像恍然大悟,赶忙挥着手说:"我可不想死呢!"于是她母亲开始按医嘱服药,健康状况渐渐有所改善。

在生活中,一些老人有时候会有这种对医生的话"充耳不闻"的情况，因此，医生在向老人讲述重要医疗保健信息的时候，就应该更加细心和耐心，用不同的方式重复解释几遍，并且通过老人的回答来判断他们是否彻底理解了这些信息。

* 使用本书第四章的"我的愿望"测试问卷，与你的亲人沟通，了解对他来说，哪方面的生活质量最重要。
* 为家里的老人制作一份简明小巧的医疗信息文件，贴在冰箱门上，让家里所有的人都能看到。这份信息文件应当包括亲属和家庭医护人员的紧急联系信息，也包括老人目前的健康状况、过敏史和目前服药情况。多做几份这样的医疗信息文件，分发给保姆、护工等家政服务人员和至少一个除你以外的家庭成员，比如住得离病人家最近的家庭成员。这样，在任何紧急情况下，相关人员都可以迅速获得这些重要信息。

在美国，这样的医疗信息文件被称为"生命信息表"，人们可以在社区老年中心、消防站和警察局等处领取。生命信息表由生命信息基金会（File of Life Foundation）设计制作，交由各政府部门或社区中心代为分发，在美国的老龄家庭中普及度很高。生命信息表自20世纪90年代起开始在康涅狄格州被推广。最开始的时候，生命信息表是一小张纸，装在一个小玻璃瓶中，并保存在冰箱里。这样保存的目的是使其不易损坏或丢失。后来，生命信息表逐渐被改进成一张装在透明塑料信封套里的纸,并用一小块磁铁将其吸在冰箱门上。在出现紧急情况的时候,家人和医护人员可以迅速在病人家里冰箱的门上找到最重要的医疗信息。

图 2-1 是生命信息表的最简单也最常用的形式,填写内容包括当事人的姓名和住址,主治医生的姓名和电话,以及两个亲友的姓名和联系方式。

生命信息表

姓名:	
住址:	
主治医生姓名:	电话:
紧急联系人信息	
联系人 1 姓名:	电话:
地址:	
联系人 2 姓名:	电话:
地址:	

图 2-1　生命信息表示例

* 在这个阶段,你可能还需要了解亲人的医疗护理机构信息和生前预嘱,了解他是否办理了生前预嘱,以及他把法律文件存放在哪里(见第七章)。这些文件应该每五年就检查一次，以确定相关法律人员和医疗决策代理人及候补代理人是否健在并且能继续提供服务。

乔安娜很庆幸自己在父母健康状况尚好的时候就跟他们讨论过这个问题。在浏览过父母的相关法律文件记录后，她发现父母遗嘱中指定的执行律师在好几年之前就已经去世了，而且遗嘱中没有指定候补执行人。在全家讨论之后，乔安娜的父母检查并更新了他们所有的法律文件、医疗决策代理人信息和生前预嘱。

在美国和其他西方国家，很多老人会设置生前预嘱（即生前遗嘱）。在生前预嘱中，当事人会明确指出自己愿意或不愿意接受什么样的医疗程序，愿意或不愿意接受什么样的护理，以及一些紧急情况下愿意接受的处理措施，比如选择临终前是住在家里还是住在医院里。中国法律目前对生前预嘱尚无明确的规定，但是家庭成员仍然可以考虑建立一份供家人参考的书面文件，以确定年迈或病重者在医疗和护理方面的意愿。本书第七章有更多关于生前预嘱的介绍。

* 阅读本书第三章，思考未来自己要承担的护理者的角色责任。你可以与自己的配偶、兄弟姐妹、子女、朋友或其他任何与你需要照料的亲人亲近的朋友深谈，了解他们的想法。

* 开始了解一些关于老年病学和生理学的科普资料，调查了

解各种信息资源，衡量各种护理方案。这样你就不会在危机到来的时候措手不及。你现在所做的，了解关于护理亲人的医疗、心理和心灵关怀的各方面信息，以及亲人的医疗现状，最终会帮助你更好、更从容地照顾他。如果不尽早着手，你很可能在面对种种护理问题的时候就已经没有时间和精力去了解所有的相关信息了。

较紧张状态：面对不断增加的护理亲人的责任

我们把这一阶段称为护理的"大下坡"。随着时间的流逝，护理者会发现自己需要经常调整时间表，越来越频繁地探望生病的亲人。同时，家庭内部的谈话内容越来越多地涉及老人的健康问题、家人的担忧或家庭内部需要做的应对。这一阶段可能会延续几年、十几年，甚至更长时间。在这一阶段中，护理者面对不断增加的护理亲人的责任，也需要不断调整自己的生活。

变化的角色和责任

如果这个需要照料的亲人是你的配偶，你可能会感觉到你们的关系从对等逐渐变成一方依赖于另一方。许多他（她）以前做的事，现在变成必须由你来承担。你可能逐渐需要承担越来越多的洗衣、做饭、打扫房间、照顾孩子和家庭理财等工作，其中很多可能是你以前不习惯做的。这些额外的工作可能会令你感到一定的负担。

在这一阶段中，调整自己的心理状态非常重要。一方面，如果这个需要被照料的亲人不能对你承担的越来越多的责任给予一定的精神上的认可，你可能会觉得没有受到尊重和感谢，可能会觉得很懊恼。另一方面，患病的亲人由于不能承担像以前一样多的工作，可能会感到一种地位和控制感的丧失，有一种被"夺权"的感觉。

如果你觉得自己正处在这种比较紧张的状态阶段，那么任何时候生活都可能从稳定变成不稳定的状态。正如前面"非紧张状态"中指出的，当一个人的健康恶化的时候，他可能会失去语言、交流和合理思维的能力。这有可能是疾病给你们的生活带来的最痛苦的变化之一，而且这样的变化可能是不可逆转的。

为将来做准备

你需要在你的亲人失去交流能力之前，在健康危机突然冲击你们的生活之前，着手做一些预防准备。结合"非紧张状态"中已经提到的一些准备措施，你还可以考虑以下的措施。

* 阅读本书第七章的内容，在现阶段你可以开始与你的亲人讨论重要的法律文件，询问他们是否有关于遗嘱、医疗护

理和授权执行律师的文件，检查并更新这些文件的内容（或者开始建立这些文件，如果它们还不存在的话）。这应当是你们最先做的事之一。
* 使用本书第四章的"我的愿望"测试问卷，与你的亲人讨论对他来说哪方面的生活质量是最重要的。
* 如果你还没为你的亲人准备一份生命信息表，尽快准备好它，把它贴在冰箱门上或家里醒目的地方，并让所有的家庭成员知晓。这份生命信息表包括了病人的姓名、地址，紧急状态下可以联系的亲属和主治医生的联系信息，病人目前的健康状况、过敏史、服药状况，以及哪个医生分别为哪种药物开的处方。如果没有正式的生命信息表，那你可以把上述信息列在一张纸上，放在家中显要位置，并写上病人的出生日期、医疗保险证件号和其他相关重要信息，以及病人的宗教信仰（如果有必要的话）。把生命信息表复制多份，交给医疗决策代理人和至少一个除你之外的家庭成员单独保存。这样，在任何紧急情况下，相关人员都可以迅速得到这些重要信息。
* 了解各种家庭护理的服务，如家政中介机构等，这样你会提前对服务的种类和花费大致有一个了解。
* 开始了解你所在地区的各种医疗机构和服务机构。
* 用一个专门的文件夹或在一个特别的地方存放所有关于医疗护理的信息。使用颜色鲜明、便于分类整理的文件夹。

* 用一个大号活页夹来供所有的家庭成员在探望病人时记录下他们对病人的观察和问题。这个活页夹可以放在一个专门的抽屉里。这个记录可以告诉有关人员一些疾病的发展，并帮你掌握患者状况的变化。

* 如果你的亲人依然神志清醒，活动自如，但是轻微健忘，那你可以做一个卡片，写清他的名字、地址、电话及紧急情况联系人信息，放在他的衣袋或钱包里。万一有事故发生，这些信息会非常有用。

* 在这一时期，护理者自身的心态调整是非常重要的。你如果开始感到困惑、焦虑或对要承担的责任感到恐惧，那么可以考虑从与朋友或医生的讨论中得到一些支持和有用的建议。如果与朋友谈心不能够使你减轻焦虑，那么你可以求助于专业心理医生或心理咨询师，他们可以帮你更好地理解你在这个困难时期的感受，并帮你制订可行性生活计划来缓解你的压力。

紧张状态：忙于应对健康危机

有的护理者可能会忽然进入这个阶段。飞来横祸有时候是会发生的，一个健康的老人可能会突然摔个跟头而骨折，一个年轻的妻子可能突发心脏病不省人事，这些都会令人措手不及，迫使护理者必须在很短的时间内做出很多医疗上和生活上的重大决定。

有的护理者是逐步进入这个阶段的。健康危机有时候来得不是那么突然，一个老人可能身体渐渐衰弱，然后有一天到了卧床不起的地步。在这一阶段，护理者将面对比以往更重、更繁忙的护理责任，有时候可能会忙得喘不过气来，甚至需要承担一定程度的心理压力。

如果你的亲人发生了健康危机，作为护理者，你要做的第一件事是做好详细的记录。在一个专门的本子上记下所有重要的时间点和你与其他所有相关人员的对话，记下日期、时间、内容和相关人物。如果不做记录，那你很有可能在一大堆扑面而来的事件中记不住自己跟哪些人讨论过哪些问题。

召开紧急家庭会议

这个时候你们应当尽快召开全家紧急会议，最好是每个人都到场。当健康危机发生的时候，如何照顾和治疗年迈的亲人，是全家人共同的重要决定，因此，尽量避免任何主要家庭成员因为"我太忙"的理由而不到场。

如果确实有家庭成员不能到场，那么全家人可以通过电话或网络视频开一个初步会议，但是接下来还是应该尽快安排一个面对面的会议。全家人聚集在一个房间里共同商讨下一步该怎么办，这种目光和情感的交流是任何电话和电子邮件交流都无法代替的。

索取和浏览亲人的医疗记录

为了尽量避免任何医疗决策的失误，当送亲人去急诊室的时候，带上冰箱门上贴的生命信息表，也带上病人的日常药品清单。在急诊治疗阶段，有时候一些小疏忽或医生与家属之间交流的小失误可能会引起诊疗上的错误。因此这个时候你应该确保病人医疗信息的准确传递，确定病人本人及其陪护人员都知道应当服用的药物的疗效、可能引起的过敏反应和任何与以后的治疗有关联的信息。陪护的家人应该尽量避免任何疏忽和误解发生。

一个朋友讲述了两件发生在他父亲身上的令人触目惊心的事。有一次，他父亲摔倒了，被送到急诊室。这个朋友亲口告诉医护人员他父亲正在服用一种药，每天两次。医护人员听了他的口述，写下了药名。后来才发现，这是另外一种药，名字发音与他父亲服用的药听起来差不多，但是完全是用于不同疾病的药。第二天他们去探视他父亲的时候，他父亲由于服错了药产生的副作用，已经完全处于昏迷状态，通过紧急抢救才醒了过来。

除此之外还发生了另外一件危险的事。在他父亲住院期间，医生建议给他父亲进行动脉插管。当时在一旁的家人知道他父亲对阿司匹林过敏，而医生要输入的药物正含有阿司匹林。医生知道以后，告诉他们不要担心，说输入的其他药物可以暂时缓解阿司匹林产生的过敏症状，但是医生没有告诉他们这种缓解阿司匹林过敏的药物会引起一种短期的类似糖尿病的症状。他父亲醒来之后很想吃冰激凌。由于不知道药物的副作用，家人应他父亲的要求买了冰激凌，他父亲吃了之后病情立刻恶化，经紧急胰岛素治疗才有所缓解，很多天之后情况才稳定下来。

这个例子告诉我们，病人家属和医生的沟通非常重要。重症病人住院时，家人应反复与医生和护士核对病人常用的药物及有过敏史的药物的名字，仔细审核书面记录，不可掉以轻心。

理清其他个人事务

在这个时候，你要尽可能把其他个人事务安排一下，比如请人照顾小孩、请假、请人代管宠物等。按事情重要程度，你应该首先考虑以下这几件。

* 查阅病人的一切医疗记录，联系病人的主治医生。整理出病人正在服用的药物的种类和剂量，以及任何可能的过敏反应。然后你要把这些记录整理一份交给病人现在的医院。这样医护人员可以对病人情况有迅速而全面的了解，并最大可能地避免任何医疗错误和用药的冲突。
* 立即联系与病人关系亲密的亲友，召集他们面对面地，或者通过电话或互联网开一个会，讨论以后该怎么办。做一个联系人名单，包括家庭电话、办公电话、手机号码、电子邮箱和住址等主要联系信息，然后把这个联系人名单发

给名单上的所有人。建立一个电子邮件联系网络或建立一个即时消息群可能会是迅速联络所有人的一个有效手段。

* 查看病人是否指定了医疗决策代理人和相关的法律执行文件，并且在病人健康状态允许的情况下与他讨论这些法律文件的内容。

* 在家庭内部决定由谁来做与医护人员交流的主要联系人，并且把这个决定告诉相关医护人员。这个主要联系人的角色通常最好由医疗决策代理人来充当，这样，如果有重要医疗方案需要决定，联系人兼代理人可以迅速做出决定。在有紧急情况的时候，如果医护人员不知道先联系谁，或者不知道该向哪位亲属询问病人的重要健康信息，那会是很糟糕的情况。因此，应当尽量让同一个人担任医疗决策代理人和主要联系人。

* 在主要亲友之间进行分工，决定各人承担什么责任。在每个人理解和同意了自己要承担的责任后，不要光凭记忆，要把人名和责任内容写下来，通过电子邮件或信件发给每一个人。这些工作和责任可能包括：

  • 联系其他亲友。

  • 如果有必要，联系病人的公司或生意伙伴。

  • 如果病人有宗教信仰，通知他的宗教组织。

  • 通知病人的房东或邻居，把你的联系方式告诉他们，这样房东或邻居可以帮着照看住所。

- 照顾宠物。
- 取消病人使用的老年社区服务或其他目前不需要使用的服务。
- 付房租、水电、贷款等账单。
- 照顾花草。
- 整理来往信件，或通知邮局将病人邮件转发到新地址。
- 取消订阅的报刊。
- 整理病人的电话，短信或留言。
- 调整病人家中冰箱或热水器的设置，或者切断电源。

* 如果没有其他人还住在病人的住所，你就要与亲友讨论如何保护住所的安全，包括：
  - 检查门窗是否紧锁。
  - 拉紧窗帘。
  - 清除垃圾。
  - 检查家用电器安全，拔去电源插头。
  - 关掉闹钟或带闹钟功能的收音机。如果病人住在楼房，开着的闹钟可能就会打扰邻居。
  - 清理家中过期食品。

超紧张状态：整日疲于奔命地照料生活不能自理的亲人

如果你承担着主要护理责任，那么当你护理的亲人到了重病或临终阶段，你可能就会感到疲于奔命，无所适从。如果你正处于这一阶段，那么我们建议你先读一下本章前面的内容，也许你能找到一些有用的建议。同时，在面对接踵而至的紧急情况时，你更需要特别注意自己的身体健康。

寻求帮助和平衡自己的生活

如果你已经感到疲于奔命，那么对你来说，寻求各方面的支持和平衡自己的生活在当前时刻是很重要的。有时候可能别人都看得出来你已经精疲力尽，在拼命做许多远远超过自己承受力的事，但是你自己却感觉不到。在这种情况下，疾病和事故的发生率就会很高。如果你积劳成疾或者发生事故，那这不仅是你自己的损失，更会影响到你正在照料的亲人。因此，无论多忙，你最好每星期都留给自己一点时间休息和调整。即使你觉得没有这个必要，也尽量这样做。

乔安娜自己家中发生的事刚好印证了这一点。在乔安娜的外祖母去世前的一年，乔安娜的母亲住在外祖母家里每天照顾外祖母。乔安娜自己也帮着照顾外祖母。在这期间，乔安娜可以看得出她母亲变得越来越憔悴，但是她母亲自己却丝毫不觉得，而且不承认自己需要任何帮助。有一天，她母亲在晾衣服的时候忽然昏倒，脸朝下一头栽倒在门口。值得庆幸的是，她母亲仅仅受了轻伤，但也无力再照顾外祖母，所以外祖母只好被临时送到附近的一家老人院，让她母亲先休养一段时间。

护理者可以考虑以下措施来照顾自己。

* 强迫自己多休息。
* 健康饮食。在这种繁忙的时候，你如果不能按时吃饭，就很难维持足够的能量。
* 在时间表里插入一些自己喜欢的活动，比如看电影、看戏、打网球、看比赛、散步、阅读、在自己喜欢的餐馆吃饭，等等。安排好时间可以自己活动，也可以与配偶或朋友一起做些放松的事。临时放下工作和担忧可以帮助你充电，使你恢复能量。
* 与家人分担护理工作。如果有的家庭成员无法承担实际的护理工作，请他们考虑付钱聘请护理人员来分担你的工作。你应该尽量争取每星期有一天完全休息的时间。
* 安排专门的时间锻炼身体和享受精神生活。花很少的时间读一本振奋心情的书，祈祷、静修、散步，做瑜伽和其他的运动都可以帮你恢复能量，调适心情。
* 你如果筋疲力尽了，那么考虑一下使用护理机构的服务。你可以让被护理的亲人在养老院短期住一阵子，或者请家人临时分担护理任务，或者雇用护理人员来暂时接替一

下。这样你可以换一个环境，稍事休息。

有时候你可能觉得在这样紧要的关头，自己根本不需要也不可能有时间进行任何娱乐活动，但是这种不需要的感觉往往是错觉！这个时候，你应该意识到，在今后一段日子里自己所要面临的挑战可能会更大。暂时放下辛苦的工作，放松身心，这对你自己和你要护理的亲人来说都是有好处的。

第三章　护理者的角色定位

* 需要考虑的因素
* 朋友互助和心理咨询
* 护理责任的轻重
* 主要护理者的角色
* 其他相关责任
* 远程帮助
* 尊重、感激和支持主要护理者

也许你是家里唯一能够承担照顾年迈父母这一责任的人，也许你家里有兄弟姐妹可以和你共同承担这一责任。如果家中有多人可以承担护理责任，那么一般家庭内部可以确定一个人作为主要护理者，其他人作为辅助护理者，各自承担不同的责任。本章主要讨论每个人对自己护理责任的选择，以及全家如何通过协作来支持主要护理者的工作。

需要考虑的因素

如果你有可能在不久的将来护理重病或临终的亲人，那么现在你需要考虑的最重要的问题是：我需要和想要做哪种类型的护理者？

有两个因素可能会帮助你回答这个问题：你自己的健康状况和你对生死问题的看法。

如果你的身体不够强壮，那么你最好先做一个全面的身体检查，然后与自己的医生讨论你将要面临的护理责任。了解自己的健康状况，然后采取措施调理身体，解决健康上的小毛病，这会让你更了解自己照顾别人的能力，也会防止你未来出现健康危机。

在我们现代社会的文化中，"死亡"往往是禁忌话题。如果你对照料临终的亲人感到焦虑或害怕，那么我们建议你先自己多学习和了解死亡和临终关怀的知识。本书附录列出了一些相关书籍。你还可以与护理机构的志愿者或工作人员交流，他们对照顾重症病人和临终病人有丰富的经验，可以与你分享一些经验和感受，回答一些常见问题，减轻你对未知的恐惧。

很多人通过自身经历体会到，在亲人晚年和临终的时候照顾、陪伴他，往往是一个非常开启心灵的经历。这种经历使他们消除了对死亡的恐惧，令他们更有勇气对临终的亲人和朋友给予支持。

朋友互助和心理咨询

无论你和被护理的亲人是关系融洽还是有些感情摩擦，在你的护理责任越来越重的时候，被护理者和你双方都可能会有一些感情波动。在这种情况下，我们建议你常常跟好朋友谈心诉说，或者请心理咨询师来疏导情绪。

与好友谈心诉说的好处很多。首先，朋友可以给你无条件的支持，而且你们可以找你们两人都方便的时间，一般不需要提前很久约定谈心的时间。其次，好朋友很可能对你本人、你的家人及其他与被护理者关系亲密的人都有一定程度的了解。好朋友可能通过倾听来为你提供安慰，也可能根据他/她自己以往的经验给你提出一些有用的建议。

你如果决定向好友倾诉，寻求支持，那么也需要考虑到他/她不一定在任何你需要帮助的时候都有空，而且不一定对死亡和临终的话题有经验，也不一定对谈论这些感到舒服。很多人不曾与临终的人相处过。你的朋友可能在这方面会感到无能为力，无法为你提供建议或支持。

如果亲密的朋友不愿或不能与你讨论关于临终和死亡的话题，或者朋友的倾听对你来说不能提供足够的帮助，那么我们建议你找一个心理咨询师来帮助你处理感情上的问题。当然，如果你所经历的情绪波动已经影响到了每日的正常生活，或者你正在经历强烈的困惑、忧郁、愤怒或焦虑，那么就不要仅仅靠朋友的帮助来解决问题。这个时候你应当考虑寻求心理咨询师、社会工作者、心理治疗师、心理学家或心理医生的专业帮助。

向专业的心理咨询师求助可以保护你的隐私。知道自己的私事不会被不相干的人知道，可以令你更容易地面对那些让你不愉快的感情和记忆，使你比较不容易感到焦虑。

在美国，一些公司和公共组织向雇员提供心理医疗福利。这些公司和组织与一些心理咨询师有合作关系，因此他们的工作人员可以获得一定次数免费和保密的专业心理咨询。一些非营利组织向全社会提供一定的心理咨询介绍服务，通常是通过电话的形式。有需要的人可以拨打指定电话号码，服务人员会根据客户的个人需要推荐有相关经验和特长的心理咨询师。

心理咨询师根据其所受的教育和培训，还会有各种各样的职业认证，包括：心理医生（拥有侧重心理学的医学学位）、心理学家（拥有心理学博士学位）、心理治疗师（大部分拥有心理学硕士学位或心理治疗硕士学位）。大部分求助于专业心理咨询师的人并不一定有特别的心理疾病，而是在生活中有较大的压力，希望通过专业帮助来调整和缓解这些压力，保持正常的生活节奏。照顾年迈重病的亲人有时候会给人造成很大的心理压力，因此，护理者寻求专业心理咨询或治疗是非常必要的。

在中国，心理咨询师行业起步较晚，但是发展迅速。原劳动保障部于2001年委托中国心理卫生协会组织有关专家开发完成心理咨询师国家职业标准，对心理咨询从业人员的职业活动内容和知识技能要求等都做出了界定。2005年，原劳动保障部组织专家对该职业标准进行了修订，同时，组织开发心理咨询师培训教材，并组织开展了心理咨询师国家职业资格全国统一鉴定工作。2015年，人力资源和社会保障部联合原质检总局、国家统计局颁布《中华人民共和国职业分类大典（2015年版）》，将"心理咨询师"作为第二大类"专业技术人员"收录其中，同时明确了职业定义和主要工作任务等。2017年9月，经国务院同意，人力资源和社会保障部印发《关于公布国家职业资格目录的通知》（人社部发〔2017〕68号），公布实施国家职业资格目录，"心理咨询师"未列入目录。根据规定，目录之外一律不得进行职业资格许可和认定。据此，心理咨询师职业技能鉴定和职业资格证书颁发有关工作停止了。

目前，心理咨询相关从业人员可以通过卫生专业技术资格考试和职称评审等实现职业发展。心理治疗专业技术人员是卫生专业技术人员的重要组成部分，可以按照规定参加卫生系列职称评审。卫生职称系列共设置初、中、高三个级别。其中，初、中级实行以考代评的评价方式，由人力资源和社会保障部会同国家卫生健康委共同组织实施。初、中级卫生专业技术资格考试均设置了心理治疗专业，从事心理治疗的卫生专业技术人员可以按规定报名参加考试并取得相应专业技术资格。

护理责任的轻重

根据不同家庭及被护理者的情况，护理者的责任有轻有重。有的人是主要护理者，同时也承担联络所有其他护理者的任务。有的人和其他几个人一起充当主要护理者的角色。有的人充当辅助护理者，主要负责直接护理以外的各项任务（比如安排病人住院期间的家务，帮病人付账单、采购等）。有的人充当主要探视者，常常探望病人。有的人不能常常探望病人，主要通过电话、电子邮件和通信软件等方式与病人和其他亲友联系。

主要护理者的角色

如果有多个家庭成员可以共同照顾病人，那么通常有一个人需要充当主要护理者。主要护理者就是照料病人最多的人，可能是每日的照料，可能是与病人住在一起时时刻刻的照料，也可能是陪病人住在医院。主要护理者可能还承担了联络其他护理者的责任。

如果你选择做主要护理者，那么你将承担大部分的护理责任，因此可能只有非常少的时间留给自己或自己与其他亲人的相处。同时你可能会有幸经历很多难忘的时刻：有感受温馨的亲情时刻，有因病痛和其他困扰带来的悲伤瞬间，也有与亲人在一起共同享受的欢笑时光。其他不在场的家庭成员可能无法体会到这些。你可能会与这个被照料的亲人建立起一种前所未有的亲密感情。即使被护理者是你的至亲，在他重病或临终护理期间，你都可能会发现你们的感情升华到了一种前所未有的高度。

做主要护理者是一个重担，也是一种福气。乔安娜亲身见到过的担任过主要护理者的朋友没有一个人对自己承担的责任感到后悔或不愉快的。他们从护理亲人的经历里获得了很多宝贵的人生体验，也获得了许多美好的回忆。本书的主要目的之一就是帮助你更容易充当这一角色，并且鼓励你即使在最艰难的时候也要尽量照顾好自己。

其他相关责任

如果你不能直接照料病人，那么你可以考虑承担其他一些责任来分担主要护理者的负担。你可以考虑分担的工作包括以下这些。

* 联络所有的护理者。
* 收发信件，付账单。
* 与亲友联络。

* 做饭，准备食物。
* 打扫房间。
* 洗衣服。
* 其他家务工作。

承担这些责任的家庭成员应当保证按时完成任务。通常，主要护理者所承担的直接护理工作是最复杂和繁忙的，因此其他家庭成员应当尽量按时完成自己分内的任务，为主要护理者减轻负担。

远程帮助

如果你住在离年迈的亲人很远的地方，或者由于其他原因不能常常照料他，那么你可以考虑通过其他的方式来帮助那些承担护理责任的家庭成员，并且你也有义务仔细考虑自己能怎样帮忙。

所有家庭成员都应该认识到，主要护理者有时候可能会负担过重。所以你如果不能经常承担护理责任，那么可以考虑提前计划自己的时间，安排在一些长假期坐飞机或火车到被护理者所在地去照料他几天。这不仅可以使主要护理者有一个休息和喘息的时间，还可以帮你认识到照料重病或临终的亲人是一项多么重的工作。当一个人住得离被护理者很远的时候，他可能会很容易小看了护理工作,意识不到这会是多么重的工作负担,会带给人什么样的压力。自己做一下护理工作可以使你正确地认识护理工作,真正地尊重和感谢主要护理者做出的牺牲。

即使你住得离被护理者很远,也还是可以找到很多方法来帮助减轻主要护理者的工作负担。比如,你可以通过电话或互联网搜索查询老年服务机构和服务人员中介机构,给这些机构打电话了解服务和花费方面的信息;可以帮助建立家庭亲友内部的通信群。如果主要护理者无暇或不愿意管理被护理者的财务或法律事务,那么你也可以承担这一任务。

尊重、感激和支持主要护理者

对于那些不能亲自照料被护理者的家庭成员来说,非常重要的一件事就是要特别尊重那个每天辛勤护理病人的家庭成员。

表达尊重的最重要一点是不要忽视或轻易怀疑主要护理者对被护理者的观察和对一些特别现象的担忧。如果你不能做主要护理者,不能搬到被护理者所在的城市或把被护理者搬到你所在的城市每天照料他,那么你能做的最好的一件事就是信任主要护理者,不要干涉他的工作。如果有人在远处对主要护理者不断地指手画脚,那就是对主要护理者极其严重的干扰。

表达尊重的第二点是在主要护理者方便的时间用他喜欢的方式经常与他交流。主要护理者每天已经任务缠身了,如果他还要时不时地应付突如其来的电话或者充满问题的电子邮件，那就更加重了他的负担。如果他一连忙上好几天，没有一点时间来回复电话或电子邮件，还因此造成致电人的不满，那对主要护理者就更是一种心理负担。

你如果住在外地，不能长期陪在被护理者身边，那么就应该对主要护理者表达出一定程度的感激，告诉他你多么感谢他的努力。主要护理者也有他自己的生活，他住得离需要被照料的亲人比较近，并不意味着每日护理亲人对他来说就是容易的。

在被护理者需要几个星期以上的护理时，作为主要护理者的家庭成员就更需要听到你对他的关心，也更需要知道你也在努力，也在花时间、精力为护理工作做出贡献。如果你能经常问"我能做些什么？"这就会令主要护理者很欣慰，也会增加你们的交流，让你明白自己还能多做些什么。即使不能直接护理你的亲人，你还是可以通过很多其他的方式来帮忙。

另外，家庭成员最好通过坦诚对话来商讨护理的角色、职责和相关花费，这样就比较容易使各个家庭成员公平合理地承担责任。在有护理需要的情况下，家庭成员可以商讨一下，能否通过其他的安排来补偿护理工作责任的不均。比如，不能承担主要护理任务的家庭成员可以考虑对主要护理者给予一定的经济补偿，还可以考虑将来在被护理者故去后，从遗产中划出一定数额，专门分给承担了主要护理者任务的家庭成员。

如果你住得离需要被照料的亲人较远，不能每日照料他，而这个亲人的经济条件又比较有限,那么你可以考虑通过经济上的贡献来均衡自己与主要护理者之间的责任差别。比如,你可以考虑出钱雇用临时护理人员,这样主要护理者可以时不时休息一下。你也可以出钱让主要护理者去度一个小小的假期,这样有益他的身心,使他不至于在护理的重负下身心交瘁。

第四章　了解亲人对晚年生活的愿望

* 第一阶段：护理者自测
* 第二阶段：了解被护理者的愿望
* 第三阶段：保持交流和补充了解
* 附录："我的愿望"测试问卷

我们大部分人有一天都会面对亲人的年迈和死亡，其中很多人还将承担起护理亲人的责任，尽可能帮助年迈的亲人保持身心愉快，平静安详地走过生命最后阶段。对一个日渐走向生命终点的人来说，医疗护理和生理上的舒适感固然重要，心灵的愉快更加不可缺少。人终有一死，但是如果我们能让深爱的亲人在晚年和临终的时候充分享受生命的乐趣，那么他们的生活和我们的生活都会变得更有意义。在现代社会，当基本生活需求和基本医疗条件都能得到满足的时候，心灵的愉快在相当程度上取决于生命的自由感和尊严感。因此，当我们照料年迈的亲人时，了解他们对生活的精神需求是非常重要的。

无论是在东方社会还是在西方社会,疾病和死亡都是禁忌话题。很多人不愿意多想自己未来的晚年生活,更不忍心与年迈的父母讨论他们的疾病和死亡。但是很多时候,对于年迈和重病的人来说,与他人交流他们的临终愿望并使之得以实现,并不是一种负担,反而能使他们以更轻松的心态来对待生命的最后阶段。

很多人对自己深爱的亲人,常常抱有"己所欲,施于人"的心态,总想把自己最喜欢的、自己觉得最好的东西给他们。在现实生活中,我们可以观察到,一些日常的活动,比如逛商场、烹饪、养花种草、看电视等,可能某个人会非常喜欢,但同样的活动另一个人却非常不喜欢。在更重大的问题上,一家人的看法也很有可能各不相同。我们心目中什么是有意思的、什么是可憎的,都只是个人观点,即使是亲密的一家人,对生活的要求和愿望也往往有很多差异。作为护理者,我们不能假设被护理的亲人对任何事的看法都跟我们一样,也不能假设我们喜欢的他们也一定喜欢,我们讨厌的他们也一定讨厌。

有时候我们可能会认为我们十分了解自己的亲人。一家人亲密相处了几十年,相互之间的确会有很深的了解,但是从另外一个角度来看,这种了解未必能包括生活的方方面面。而当一个人日渐年迈的时候,他对生活的需求和各方面的爱好、禁忌和其他愿望都有可能在不断变化。而一些生理上的变化和随着年龄发生的心理变化,也会使得一个人的喜好和兴趣有重大改变。另外，随着时代和社会环境的变化，人们也会不断地发现一些新的兴趣爱好和活动。因此，即使是一家人，也需要通过不断的交流来了解彼此的生活愿望。

这里我们设计了一套用于家庭沟通的生活愿望测试——"我的愿望"测试，测试的问题涵盖了生活习惯、价值观、精神需求、临终愿望等方面。这个测试可以促进家庭内部关于疾病、死亡和临终关怀的交流。被护理者及其家人可以尝试通过三个阶段来完成这个测试。首先，承担护理责任（或未来将要承担这一责任）的家庭成员自己完成"我的愿望"测试，认真回答其中的问题。然后，接受（或未来会接受）护理的家庭成员（年迈者、患病者等）完成这个测试并与承担护理责任的家庭成员交流。在此之后，一家人可以经常回顾自己对测试中问题的回答，并保持沟通。

第一阶段：护理者自测

未来有可能需要承担护理责任的家庭成员（例如重症病人的配偶、子女、密友等）可以先用这个测试来思考自己在生命的最后阶段想要得到什么样的护理，以及自己的爱好、价值观及喜欢的和不喜欢的东西。

无论你现在多么年轻，离年迈和死亡多么远，都花时间想象一下：假如你处于生命的最后阶段，你理想的生活是什么样的。在这种设想条件下,你阅读本章附录关于"我的愿望"测试中问题的说明,对这些关于晚年生活、重病护理和临终愿望的问题,给出最直觉的答案。你对于某些问题的答案可能是逻辑思考的结果,而对于另外一些问题,可能只能通过感觉或猜测来回答,这都没有关系。你不需要刻意去想什么答案是对,什么答案是错,也不要停滞于一个问题而耽搁了后面的问题。如果有必要,那你可以随时更改答案。

这个测试并不要求你设想一种一切完美的生活,而是激发你去深思现在生活中对你来说最重要的生活质量、日常活动和其他方面的因素,然后再去思考这些现在对你来说很重要的东西中,有哪些是你希望并且有可能一直保留到生命最后阶段的。这个测试还会让你思考,日后你在走向生命终点,体能或健康状况有所下降的时候,会觉得生活中的哪些方面是可以权衡舍弃的,还有哪些活动或爱好是可以逐渐添加到你的生活里的。在这个选择的过程里,你要明确地区分对现在来说有乐趣、有用的东西和对一个年迈、体弱甚至即将死亡的人来说有乐趣、有用的东西。在回答测试问题的过程中,你如果能明确自己对目前生活和晚年生活愿望上、习惯上和其他各方面可能存在的区别,就会更深入了解一个走向生命终点的人怎样才能活得充实,活得有尊严。

护理者自测的目的有几个。第一,通过自测,护理者对测试的问题能有深入的了解,这样更利于护理者向被护理者提问，使交流更顺畅。第二，通过自测，护理者可以把自己对问题的答案与被护理者的要求进行比较，这样可以充分认识到自己和被护理者在哪些方面看法是相似的，在哪些方面兴趣或看法不同。通过这样的比较，我们可能会发现，我们在生活中一些想当然的看法，尤其是对自己亲人的兴趣、爱好、个人观点等的假设，不一定正确。第三，护理者自己先做一遍自测，之后在为被护理者做这个测试的时候，也可以与被护理者交流自己的看法，这样，测试的过程就是一个双向交流的过程。

第二阶段：了解被护理者的愿望

作为护理者，当你仔细考虑过自己在生命的最后阶段想要什么样的生活以后，你就会更仔细地倾听被护理的亲人的想法，了解他的感受，而不至于总是不加辨别地把自己觉得好的任何东西当成他的愿望。接下来，你就可以通过自己对测试问题的理解，向你的亲人叙述和解释这些问题，请他们思考和回答。

如果你的亲人对死亡有抵触情绪，不愿意谈论晚年生活的安排和生命的临终阶段，或者你的亲人已经失去了语言交流能力，那么你可以考虑通过与他的配偶、兄弟姐妹或密友交流来获得一些问题的答案。比如，他平时喜欢穿什么样的衣服，喜欢什么样的起居条件，他有没有讲过关于他自己的故事，他有没有提到过家里有什么东西对他来说是很重要的。根据被护理者的实际情况和对一些话题的心理接受能力，你可以适当增删测试中的一些问题。测试的过程不一定要完全按书面列出的顺序。你可以根据谈话的走向，顺其自然地先问一些问题，然后把谈话引向下一个问题，也可以根据生活场景，随时随地地向被护理者提出一些测试中出现的问题。

第三阶段：保持交流和补充了解

请记住，要把一个年迈或重病的亲人照料好，"灵活性"是一个很重要的原则。喜欢与不喜欢，能与不能，常常会有变化。这个测试只不过是一个开始，不是一些刻板的不能变化的问题和答案。你可以根据需要和生活现实，在测试中增加一些类似的问题，也要根据观察和交流，随时更新一些问题的答案。

附录："我的愿望"测试问卷

第一部分：日常活动和兴趣爱好

1. 什么样的日常活动现在（或者曾经）对你来说是最有乐趣、最有满足感、最有意义的？请列出包括工作、家庭生活、业余爱好等各方面的日常活动，也可以包括你所喜爱的特定的电视节目、广播节目、杂志、书籍或音乐。

2. 以上列出的各项活动里,哪些是你希望能一直持续到晚年乃至生命终点的?
3. 哪些新活动是你希望学习,并有兴趣参与或尝试的?
4. 在晚年生活中你不感兴趣或者不想参加的活动有哪些?
5. 哪些活动是你非常不喜欢,甚至连看都不想看到的?

第二部分:价值观

你的人生价值观是什么?"价值观"的一些例子包括:做一个好家长,为人正直,做最好的 _____（填入任何你想做并非常重视的事）,在工作或其他兴趣活动上取得成功,参加某个你认为重要的社会活动,坚持你的宗教原则,做诚实的人,做有爱心的人……你的答案不一定局限于以上给出的例子。你可以参考以上举出的例子来想一想自己的价值观和自己喜欢的生活方式。

1. 对你来说,哪些价值观是最重要的?哪些活动是你非常支持并愿意为之贡献力量的?
2. 以上这些价值观里哪些是在你人生最后阶段对你来说仍然非常重要的?你会考虑接受哪些新的价值观或支持哪些新的活动?
3. 你希望照料和护理你的人（包括家人、医生、护士,以及护工、保姆等雇用人员）有什么样的价值观?你对他们的道德准则或宗教信仰是否有一定要求？

4. 你不希望照料和护理你的人有什么样的价值观、道德准则或宗教信仰？

第三部分：物质环境

不同的人对环境的要求大不相同。有的人喜欢住大房间，有的人愿意住小房间。有的人喜欢有很多家居装饰的环境，有的人喜欢简洁的环境，不喜欢雕饰。有的人喜欢整天开着电视或收音机听声音，甚至睡觉的时候都希望听到一些声响；有的人喜欢安静，尤其睡觉的时候希望房间安静而且没有光线。有的人怕热，喜欢整天开着窗户或空调，并且盖很薄的被子；有的人则正相反，从来不在夜间开着窗户睡觉，而且喜欢盖很厚的被子。在这一部分，被测试者将回答一系列问题以表达他对自己生活环境的喜好和需求。

1. 在你现在的生活中，什么样的环境质量对你来说是最重要的？（环境质量可以包括空气质量，暖和或凉快、色彩丰富或单调、安静或有音乐声的房间环境，以及其他类似的对生活环境的要求。）

2. 在你生命的最后阶段，什么样的环境质量对你来说是最重要的？

3. 在你生命的最后阶段，什么东西（包括家具、花草、艺术品、纪念品、照片等）或宠物是你希望留在身边的？

4. 在你生命的最后阶段，什么东西或宠物是你不希望留在身边的？

第四部分：独处还是群居

有的人天生外向，喜欢参加群体活动，比如运动比赛、音乐会、宗教聚会或者老年中心的活动；有的人天生内向，可能会喜欢独自或与一两个朋友一起活动。当你考虑如何度过生命的最后几年、最后几个月或者最后几天时，了解自己对独处或群居的需要是一个很重要的问题，这个问题会直接影响到你晚年生活的安排、住所的选择及养老服务的选择。

1. 在现在的生活中，你平均每星期有多少时间喜欢独处？多少时间喜欢与朋友和家人一起度过？多少时间愿意与其他人（包括不像亲友那么亲密的人）一起度过？

2. 在生命的最后阶段，你估计平均每星期有多少时间喜欢独处？多少时间喜欢与朋友和家人一起度过？多少时间愿意与其他人（包括不像亲友那么亲密的人）一起度过？

3. 你希望照料和护理你的人（包括家人、医生、护士，以及护工、保姆等雇用人员）是比较健谈的还是寡言少语的？如果你喜欢健谈的人，那么你希望跟他们谈论什么话题？有没有什么特殊的禁忌话题是你不希望护理人员与你谈论或讨论的？

4. 有没有什么电视节目、广播节目或音乐是你特别想看到或听到的？有没有什么电视节目、广播节目或音乐是你非常不想看到或听到的？

第五部分：外表

有些人对他们每天的外表都有特别高的要求，包括服装的颜色搭配，饰品的搭配，甚至可能还包括妆容和指甲油的颜色。他们每天都要换衣服，并且要保证所有的衣服都熨平，鞋子都擦亮。还有一些人并不在乎他们的外表，只喜欢穿舒服的衣服，也不太在乎搭配或化妆。这一部分的问题要求被测试者描述他们对外表的要求及特别的爱好。

1. 你对衣着打扮有哪些特殊的要求和喜好（包括颜色、样式、质地、搭配，以及其他类似方面的要求）？
2. 如果你由于身体虚弱不能自己穿衣打扮，那么你希望照料和护理你的人在这方面帮你做些什么？
3. 你有没有一些特别喜爱、想经常穿的衣服或鞋子？

第六部分：财物

对一些人来说，财物是非常重要的；对另一些人来说，物质上的东西可能没那么重要。很多人生活中还可能会有些并不贵重但对个人来说意义重大的物品。被测试者想一想自己对生活中拥有的财物的态度，以及生活中对自己最重要的物品，然后回答这些关于财物的问题。

1. 请列出对你来说最重要的物品。
2. 在你生命最后几个月或最后几天里，你想要将哪些重要的东西放在自己的房间里？请列出这些东西。如果其中有一些东西你想放得离自己很近（比如放在床头柜上，甚至放在床上、枕头边），请指出这些东西，并且标明希望把它们放在哪里。

第七部分：个人卫生

如果到目前为止，你都一直能自如地照顾自己，那么你可能很难想象生活不能自理、处处依赖别人是什么滋味。有些人可能终其一生都身体健康，完全可以生活自理；也有些人在年事已高后，在日常起居方面会需要别人的帮助和照顾。对很多人来说，他们在晚年的时候，学会请别人帮助并愿意接受别人帮他们洗澡、穿衣、脱衣和上厕所，是一件极难的事。可是，在生活起居方面依赖别人的帮助并不等于完全失去了生活的自由和尊严。如果病人能好好地与家人或其他护理者沟通，使他们了解自己的特殊要求和生活习惯，那么即使他日渐依赖别人的帮助，他的独立意愿还是可以受到尊重的，他还是可以在受人帮助的情况下也保持自己的尊严。

1. 如果你自己有能力做，那么哪些方面的个人卫生（比如洗澡、刷牙、上厕所、换衣服等）是你即使年迈体弱，也特别想自己做而不要别人代劳的?

2. 如果你自己无力做,那么在可能的情况下,哪些方面的个人卫生是你希望由指定的家人(写出他的名字＿＿＿＿)或密友(写出他的名字＿＿＿＿)而不是由雇用的护理人员来做的?

3. 你一天刷几次牙?一般在什么时候刷?如果有假牙,假牙不用的时候放在哪儿?如果用牙线,多久用一次?

4. 参考问题 3 指出关于个人卫生的其他方面(如洗脸、化妆、洗澡、上厕所等)你的偏好和愿望,并加以注释。

第八部分:宗教与精神生活

1. 你有宗教信仰吗?你参加特定的宗教组织吗?

2. 如果你不是宗教信徒,也不参加宗教组织,那么你对任何宗教有兴趣或认同感吗?

3. 在你患重病或临终的时候,你希望见到某个特定的神职人员吗?

4. 你有没有一些特别喜欢的宗教祷文或给你精神启示的文字?你是否想预先托付某个亲友在你重病或临终的时候为你念诵这些文字?如果有这个愿望,那么你可以事先与他沟通好,这样在你已经不能讲话的时候,他也知道他应该为你念诵这些文字。

5. 有没有一些对你来说特别重要或神圣的音乐?你是否希望

在临终的时候听到这些音乐?

生命的最后几天和最后几小时

1. 如果可以选择的话,在生命的最后几天,你愿意住在:
    a. 自己家里。
    b. 别人家里(指出是谁家:_____)。
    c. 医疗中心。
    d. 有医疗设施的养老院。
    e. 没有医疗设施的养老院。
    f. 其他地方(指出具体地方:_____)。
2. 你最希望哪些人在你生命的最后几天或最后几小时陪伴在你身边?
3. 在你生命的最后阶段,哪些人是你不希望见到的?
4. 如果可以选择的话,你愿意在周围没有人的情况下自己一个人死去,还是愿意在有人陪伴的情况下死去?如果你希望有一个或几个人在你去世的时刻陪伴在你身边,请列出他们的名字。

第九部分:其他

1. 你有没有其他的家庭事务(或家庭秘密)需要交代?在去世之前,你有没有什么事是你特别想为某个人做的?
2. 你是否有其他的临终愿望?

第五章　养老地点和方式的选择

* 不同养老方式的选择

* 居家养老

* 各种形式的养老机构

* 亲情的力量

不同养老方式的选择

在传统社会中，有条件的老人一般都选择在家里度过晚年，养老院并不是一种常规性的养老方式。中国古代也有养老机构，但主要是用来供养生活没有依靠的孤寡老人。唐代和宋代的悲田院、福田院，元朝的济众院，明代的养济院，清代的普济堂等都属于这类养老机构。[1] 一方面，这些养老机构的历史反映了中国文化自古以来对"老有所养"观念的重视；另一方面，这些养老机构的设置反映了在传统社会的观念中，进入这些养老机构的仅仅是那些经济不能自理的老人，而有儿女、亲戚供养，经济来源稳定的老人一般是不会进入这些养老机构的。

在现代社会中，由于生活方式与家庭格局的变化及科学技术的发展，全社会的养老观念和养老方式正在发生巨大的变化。对于一些有儿女、亲戚供养，经济来源稳定的老人来说，养老院也并不是不可接受的了。这种观念变化的动因可以归结于两个方面。一个是被动的方面，即现代的生活节奏和家庭结构增加了居家养老的困难。现代化的城市发展和人口流动，已经造成了大量的"空巢老人"家庭。很多老人和自己的儿女不生活在同一个城市里，而由于城市的扩大，很多即使生活在同一城市里的两代人住所间的距离也较远，因此，儿女不能照顾到父母的每日起居。

而且由于中国在 1982—2016 年间实行的计划生育政策，越来越多的家庭都是独生子女家庭，因此，很多独生子女面临着一个人要照顾两个老人的任务，一对夫妇要照顾两对老龄父母的任务。我们可以预见，随着第一代独生子女进入老龄阶段，下一代的独生子女可能会面临着一个人要照顾一对父母及一对到两对祖父母的任务。在这种情况下，老年人的日常生活就需要有相应的社会服务的支持。2006 年针对北京市某三级医院管理的一所养老院的调查表明，该养老院入住的老人与社区内居家的老人相比，有平均年龄大、平均学历高、各种慢性病患病率高的特点。一半以上的老人主要入住原因是"怕孤独"和有身体问题。近一半的老人患有高血压和心脏病。[2] 这个调查结果反映了高学历人群相对而言比较容易接受养老院这种养老方式，也反映了心理需求和医护需求是促使很多老人选择养老院的重要因素。

但从另外一个方面看，现代社会的老人及其家庭对养老院这种生活方式的接受，也不完全是迫于形势和无奈。现代养老院在各方面有优势，一个发展成熟、管理得当的养老院有专业人员、设备、技术等优势，有可能为某些老人提供比居家养老更舒适、安全的生活环境。中国老龄化的发展也使各界人士认识到了中国社会对养老服务的急切需求。包括养老院在内的各种养老服务都在不断发展创新，并借鉴了欧美国家及其他一些亚洲国家现代化养老院的经验。在这种发展趋势下，养老院的形式也更加多样化，从生活方式上拉近了与居家养老的距离。

比如，一些养老院为有独立生活能力的老人提供了老人公寓，并配有小区保安和护士。老人的生活和居家养老几乎没有什么区别，而在有紧急医护需要的时候，养老院小区的专业人员又可以发挥他们的职能。社会养老机构还在一定程度上为老年人提供了更多的与同龄人交往的机会。这对年事已高、行动不便的老人来说，可能也会弥补居家养老常见的老年人生活寂寞、活动贫乏等不足。

当老年人的生活起居越来越依赖于他人的照顾和服务的时候，选择在哪里生活，是决定他们生活质量的关键。有的老人可能会选择继续住在自己生活多年的旧居里，他们可以雇用保姆、护工等家政服务人员来照顾自己的起居，这样也方便他们的子女经常探望自己；有的老人可能会选择与其中一个子女住在一起；有的老人可能会选择住在养老院或临终关怀机构。而当一个高龄、得了重病的人意识到自己到了生命的最后阶段的时候，在哪里度过生命的最后几个月、最后几个星期或最后几天，也是决定他生命最后阶段生活质量的关键。

西安交通大学 2006 年一项针对农村老人的调查显示，大部分老人愿意在家中度过晚年，但是也有相当一部分老人愿意在社会养老机构度过晚年。很多老人选择在家中养老是由于传统观念，而未必是根据自身实际情况考虑的。调查者针对分析结果指出，老年人在居家养老中更重视感情上的"孝"，而仅仅有"养"是不能满足这种感情需求的。这项调查还表明，对于一些愿意在养老院养老的人来说，慢性病带来的种种对医疗设备和服务的需求是一个主导原因。[3]另外一个针对厦门城区老人对非居家养老方式（养老院等社会养老机构）的态度和接受程度的调查显示，在被调查的老人中，经济能力较强、文化程度较高、有一个子女的老人更倾向于接受非居家养老方式。[4]这一调查结果表明，在当前社会的特定老龄人群中，存在着对社会养老机构服务的主动需求。而随着独生子女家庭在全社会比例的提高，这种需求可能会越来越强。

至于哪里是"最好的"养老地点，并不存在一个标准答案。这种选择主要取决于老人的性格趋向、生活喜好和具体的家庭情况。有些老人非常希望留在自己生活了多年的熟悉的环境中，对他们来说，这比任何生活、医疗上的便利更重要，所以他们可能就会愿意选择在自己的家里养老。有些老人性格比较内向，喜欢安静，那么他们也可能会比较喜欢在自己家里度过晚年或者和子女住在一起。有些老人喜欢多与人交往，希望身边常常有人说说话，也喜欢参加各种集体活动，这样的人可能就会比较适应养老院或老年公寓的生活。

近年来，中国一些研究者对不同地区老年人居家养老和养老院养老的生活质量进行了评估和比较。一项面向河北省城区老人的调查[5]和一项针对湖北省城区老人的调查[6]在这方面取得了类似的结论。这两项在不同地区同年龄阶段（60岁以上）老人中进行的研究同时表明，养老院生活的老人平均精神紧张程度和情绪波动度高于居家生活的老人，但是两者在生活质量总体评价和总体幸福感方面没有明显差异。这说明中国一些养老院的综合生活服务水平还有待提高。即便如此，养老院养老和居家养老都有可能为老人提供满意的生活环境。

一个人选择度过晚年生活的方式和地点，往往需要针对个人性格和家庭的具体情况慎重考虑，并且深入了解各种养老服务。老人和子女之间应该对此进行充分交流。有高龄老人的家庭也可以考虑用本书第四章提供的"我的愿望"测试来进行沟通，从而了解老人对养老生活的愿望和选择取向。

居家养老

对很多老人来说，在家中度过晚年，意味着他们生活在自己多年熟悉的环境中，伴随着自己熟悉的家具、器物、风景，以及声音、气息等令自己感到放松和舒适的东西。对于有一定记忆力衰退现象的老人来说，生活在自己常年熟悉的环境中可能会让他们更驾轻就熟地应付生活中的日常事务，而让他们搬到一个全新的环境可能会导致其情绪紧张，甚至加剧健忘症状。更重要的是，生活在自己熟悉的环境中很多人可以有一种独立自主的感觉，可以自己决定起居时间，包括什么时候上厕所，什么时候洗漱，什么时候吃饭，什么时候独处，什么时候走出来和别人聊聊天。这种感觉对很多老人和临终病人是非常重要的。相比较而言，如果住在儿女家中或者养老院里，生活起居时间和各类活动时间就不能完全由自己决定，这可能就会给老人一种受局限的感觉。在这方面，在自己的家中养老是有很明显的优点的。

但随着老人年事增长，居家养老也有一定的难度。对于体弱并患有慢性疾病的老人来说，在家里如何能保证每日行动安全，在健康情况有变化的时候如何能及时获得救护和医疗，是一个很大的挑战。另外，当老人身体衰弱，需要24小时有人照顾和陪护的时候，雇用保姆和护工的费用也是一项很大的开销。

尽管在家中照料一个年迈体弱的老人或临终病人有种种的困难和挑战，但是与养老院相比，居家的环境能为一家人提供更好的相处环境。当一个老人走到生命的最后几个月、最后几个星期或最后几天的时候，这种一家人相处的机会是非常宝贵的，对他的家人来说，这也可能会成为永久的珍贵回忆。很多年事已高的老人和临终病人起居时间有异于常人。他们可能会在黄昏以后才变得更精神、更活跃，而在白天昏昏欲睡。在这种情况下，如果老人住在医院或养老院，探望时间只允许在白天，那么很可能在家人探望的大部分时间里，老人都处于昏睡状态。居家养老的环境比养老院的时间安排要自由一些，家人可以选择在黄昏和晚间多陪伴老人。

如果一家人决定让老人在他自己或儿女的家中养老，那么就应当准备好一些必要的设施，使未来的护理更方便、容易一些。我们建议有这种安排的家庭未雨绸缪，提前准备好一些最必要的东西，哪怕目前还不需要这些东西。我们很可能无法预期一个老人的健康状况会怎样变化，什么时候会需要哪些保健或医护设施，因此，提前准备是非常重要的。

乔安娜的父亲在一个星期六的晚上忽然完全不能走路了，即使拄着拐杖也不能走，但是他神志依然清醒，身体其他方面的功能也正常。他一向是个意志坚强、有很强独立意识的老人。即使不能自己走路，他也不想让别人抱着他去上厕所。对他来说，在这些生活细节上能自理，是一件很重要的事。因为是周末，乔安娜一家无法在家附近立刻找到任何家政服务，家里也没有轮椅。这时候，幸好一个在医院工作的亲戚通过工作关系向医院借来了一个折叠轮椅，可以让他们用到星期一，这才帮他们渡过了难关。在此之后，乔安娜一家也认识到，对于老年人来说，很多事情是突如其来的，因此要及早做好准备，在家中备下一些必要的工具和设施。

对于家中有老人的家庭来说，以下一些物品可能是有用的。有些方便存放的，可以提前准备好；有些不方便存放又不知道什么时候才能用到的，可以提前弄清楚哪里可以买到或借到，并确定需要的型号。

* 拐杖、拐杖椅或带座助行器。

* 固定扶手。这种扶手可以安装在浴室的淋浴器、浴缸和马桶周围，增加老人洗浴和上厕所时行动的安全性。

* 折叠式洗澡椅。这种椅子可以放在淋浴器下或浴缸内，让老人坐在上面洗浴。

* 折叠轮椅。

* 折叠式坐便椅。这种坐便椅可以随时打开支在马桶上方，可供能自由行动的老人上厕所使用。它比一般的马桶坐垫更舒适。有的也可以和移动马桶安装在一起使用。

* 带扶手的移动马桶。这种马桶可以随时放在床边，供身体虚弱但是能起床站立的老人上厕所使用。

* 成人用尿不湿和吸水床垫。

* 医用床和防褥疮充气垫。

* 床上坐便器。

* 一次性纸内裤。

* 塑胶手套。

* 一次性医用口罩。老人和重症病人抵抗力较弱，有轻微感冒症状的家人在接近病人的时候可以戴上口罩。

* 婴儿用湿纸巾。这种纸巾用在成年人身上效果也很好。

* 大号纸巾。

* 多份备用浴巾、手巾、抹布、床单、枕套等。

* 多份备用大垃圾袋。

* 弯头吸管。如果老人需要整日卧床并经常在床上吃喝，那么可以准备一些弯头吸管。一些婴幼儿用品中的奶瓶和饮料瓶老人用起来也是非常方便的。

* 食物搅拌机。如果老人需要多吃流食，那么可以用搅拌机打碎蔬菜瓜果等制作流食。

* 多份备用房间清洁设备和清洁剂。

* 折叠床。如果老人年事已高或者身体虚弱经常需要有人照料，那么最好常年在家中准备好相应的空间和设施，以备家人或家政工作人员使用。家人可以考虑划出一个小空间并准备一个折叠床，这样一旦老人需要24小时照顾或有人陪夜，值夜的人员可以有一个休息的空间。

* 无线呼叫器。近年来很多家庭为婴儿准备的"宝宝啼哭感应器"其实对照料老人也是很有用的装备。这是一种无线呼叫器，通过它，老人在一个房间里发出呼叫，在其他房间的家人就可以听到并回应。

各种形式的养老机构

随着现代社会的发展和社会养老需求的增加，养老院服务也在不断发展，并且服务的多样性也大幅度增加。大部分身体比较健康、有独立生活能力并具备一定经济能力的老人在考虑养老机构的时候，可能会根据自身需要，首先考虑一些有辅助性服务和独立居住单元的老年公寓。有些老人出于社交生活和经济消费的考虑，可能会选择宿舍式的养老机构。身体虚弱、经常需要一定的医疗设施和医疗服务的老人可能会选择集医疗和养老于一体的服务机构。对一些临终病人来说，治愈疾病已经不是主要目标，维持生活的舒适度和精神上的愉快才是更重要的，而一些临终关怀机构能够提供给他们最适合的服务。

根据老年人在养老机构中的生活独立程度和对医疗护理服务需要的程度，养老机构可以大致分为以下几类。这种分类并不是对养老机构的单一划分，随着养老服务的发展，可能会有越来越多的养老机构提供多样化的服务。

老年辅助生活公寓

老年辅助生活公寓（以下简称"老年公寓"）给老人提供像在家一样的独立空间，生活上和在家时十分类似。老年公寓和居家养老的主要区别在于，公寓配备有专门为老人服务的保安、急救人员等，比独自在家居住更有安全保障。大部分老年公寓也提供日常生活上的服务，如洗衣、打扫、餐厅服务等。

在经济较发达的国家和地区，选择这类老年公寓的老人大多经济条件优越，重视生活品质，并且希望有自己独立的活动空间。这类老年公寓一般需要提供给住户较大的个人居住空间或较大的户型，对装潢和配套服务也有一定的标准，是属于消费水平较高的养老机构。目前在中国，这类中高档老年公寓主要集中在一线、二线城市或其他城市的著名风景区。

典型的老年公寓在建筑风格和家具、装潢上接近城市公寓式家居。与居家养老不同的是，在老年公寓的居室内一般都安装一系列方便老年人起居、卫浴的扶栏等设施加强安全防护。门、窗、家电、家具等都是根据老年人的特点设计的，易于操作。房间和浴室内一般还设有医护对讲系统，有24小时监护。老人拿起话筒就可以立即与专业医护人员沟通。如果老人在房间和浴室内发生摔倒受伤、心脏病发作等紧急情况时也可以及时与保安和医护人员联络，获得最快的救护。

老年公寓的优点是生活环境好，服务设施全，在最大程度上保留了老人生活的隐私，老人可以自由选择独处或是与比邻而居的同龄人交往。这种生活方式一般要求入住的老人有生活自理能力并且没有比较大的健康隐患。在美国，为了预防和减少法律纠纷，老年公寓一般对入住者有一系列的健康能力要求，比如有独立活动能力（包括能够使用轮椅或拐杖椅自由活动），神志清醒，生活能自理，无传染病，没有卒中等高危病史等，国家法律也有相应的规定。在中国，还没有具体的法律条文规定入住老年公寓的老人应当满足什么样的健康条件。老人及其家人在选择养老机构的时候，既要从实际的角度出发，也必须考虑到对医疗设施的需求，以及老人是否有足够的能力和体力独立生活。中国大部分的老年公寓也对住户的健康状况有一定的要求。但由于这方面的法律还不健全，对住户的健康要求由各个养老机构自行设置，因此有的老年公寓对住户的健康要求过高，一定程度上存在着对某些年迈体弱人群不公平的问题。比如，有些养老机构没有无障碍通道，也不接收无法自由行走的老人。在这方面，美国的法律规定，凡是向公众开放的商业性和服务性机构，都必须安装无障碍通道，必须提供面向腿部有残疾的人群的服务。随着中国社会养老的进一步发展和相关法律的进一步完善，各地也会依法对养老机构做出一定的政策调节和规定，使养老机构可以服务于更广泛的老年人群。

　　与其他一些养老方式相比，老年公寓消费档次较高，并不适合所有老人及其家庭的经济状况。即使在经济发达的国家和地区，也不是所有的老人都有能力承担老年公寓的高额租金和服务费用。目前中国的老年公寓发展还在初始阶段，有一些成功的范例，也有一些因为当地居民负担不起而无人入住的现象。据专家预测，在今后几年的社会发展中，老年公寓在走向市场的同时，还将会得到一定的政府扶持，同时在收费方面也会受到一定的政策调控。从个人和家庭的角度出发，对老年公寓的选择在很大程度上还依赖于经济条件。对很多中年人和年事未高的老年人来说，他们如果以后希望选择老年公寓作为养老的生活方式，那么也有必要针对这个选择提前做出经济方面的规划。

集中管理式养老院

集中管理式养老院采用宿舍式或小单元的居住环境，老人们集体吃、住、活动，由护理人员统一管理。这是现代社会中较为常见的一种养老院模式，也是大部分国家由政府主办或资助的养老院的管理模式。从管理的角度讲，这类养老院有高效率、规范化的优势，运作成本也远远低于老年公寓。根据地区和消费档次，不同的养老院提供的居住空间、人员配置、菜单选择、硬件设施配备等各有不同。目前随着社会生活水平和劳动力成本的提高，中国的集中管理式养老院也存在着一定的两极分化问题。环境较好、服务水平较高的养老院往往收费也较高，超出了社会普遍承受力；而收费适中或较低的养老院则在一定程度上存在着入住难、床位短缺、服务水平不足、人员配置不足等问题。由于全社会对养老问题的日渐关注和养老服务需求的迅速增长，集中管理式养老院将会是养老服务发展的重点之一。

在选择集中管理式养老院的时候，我们建议老年朋友和他们的家人特别注意养老院在以下几个方面的素质和特点。

* 一个养老院的硬件设施固然重要，人员配置和人员素质更为重要。在参观考察养老院的时候，我们应特别留意养老院固定护理人员和居住者的配比。很多国家对养老院的人员配比有严格的法律规定，包括养老院内每 100 个居民必须配备多少个高级护士、中级护士及其他护理人员。目前中国对养老院人员比例还没有详细的规定，但是总体来说，一个养老院里的专业工作人员比例越高，就越有利于老人享受到良好的、专业化的服务。

* 在选择养老院的时候，我们还应当特别留意养老院的服务结构和服务方式。比如，当一个老人需要有人帮助起床、吃饭或上厕所的时候，是否有电铃、闪灯、呼叫器等设施可以让工作人员迅速得知，以及工作人员每次对这类需求的反应时间是多少。

* 时间允许的话，我们最好选择在白天和晚上的不同时间多次考察同一养老院。大部分人在选择养老院的时候都是在白天去参观，而老人是在起床前和睡觉前的时间段里对护工的服务有更多的需求，比如护工要帮助老人洗澡、上厕所、吃饭等，这些时候更能看出一个养老院的素质水平。

* 养老院内的饮食营养也是关系到老人生活质量的重要问题。在选择和评估养老院的时候，我们应当索要养老院的日常菜单，观察平时饮食的多样性和营养性，看看菜品

选择多不多，是否做到了营养均衡，是否照顾到了一些老人的特殊饮食需要，比如素食、清真饮食等。同时，我们也不要忘了留意养老院是如何保证老人水分的摄入的。另外，在干旱季节或供暖季节，室内常常会非常干燥。很多老人会因缺水出现上火、感冒等症状，因此，养老院是否定时提醒老人饮水，是否提供各类维生素含量高的水果和饮料，也显示了该养老院的综合饮食水平。

* 在考察养老院的时候，安全管理也应当是我们观察的重点。养老院对老人的安全保护应该包括必要的设施（扶栏、轮椅等），面向工作人员的详细的安全规定，还应当包括在卫生免疫、药物管理和传染病防治等方面的策略。

* 对于行动自如的老人来说，每日适量的活动是非常有利于身心健康的。有些养老院在致力于安全防护的同时，可能会忽略老人的体育活动。有的养老院和工作人员因为担心高龄老人走动时有摔倒的可能，就尽量减少他们行走活动的时间。这样一来，老人可能会由于缺乏锻炼而活动能力逐渐减弱。一个高素质的养老院，应该在注意安全的同时，为老人合理安排一定量的体力活动，并创造适当的活动空间。老人及其家人在考察养老院的时候，也应该特别留意那里的老人每日活动的时间和项目。

* 在考察养老院的时候，我们还应该注意观察那里的老人心情是否愉快，养老院是否能提供对老人直接和间接的心理

辅导，是否有各种娱乐活动丰富老人的生活，是否有与其他社会组织的合作使老人可以经常接触到养老院以外的服务者和志愿者等。
* 养老院的地点和环境如何，是否方便家属探视等，这些都是考察养老院时我们需要考虑的。有条件的话，老人最好选择离子女家较近的养老院，便于他们照顾和探视。

家庭"养老院"

家庭"养老院"又称"虚拟养老院"和"没有围墙的养老院"。这是近十年来中国不同地区都在积极尝试探索的一种新型养老模式，宁波、北京、上海、大连、广州等地先试行，后来逐渐扩展到更多的城市和地区。这种养老模式既不等同于传统的居家养老，也不等同于一般意义上的养老院。家庭"养老院"是让老人居住在自己家里，由社区服务机构提供一系列上门服务，很多服务内容类似于养老院的服务。这种养老模式的特点是，劳务养老由社会承担，精神生活养老由家庭承担，物质方面养老由国家、集体和个人共同承担。[7,8] 在上述地区，这种养老模式首先面向经济特困老人试行，目前在一些地区正逐渐扩展到更广泛的老年人群。

在家庭"养老院"服务体系中，社区餐饮、医疗、家政等服务机构向居家老人提供服务人员和打扫卫生、做饭、购物、巡诊、护理、文化娱乐、心理辅导等各类服务。这些机构有私营机构，有公立机构，也有非营利组织。服务所需的费用一部分来自老人及其家庭，一部分来自政府补贴，还有一部分来自社会捐助和志愿者无偿服务。

家庭"养老院"体系结合了居家养老和社会机构养老的优点，让老人住在自己家里即可享受到全面的医疗、家政等服务。这种养老模式充分利用了原有的家庭空间和物质资源，并整合了各种社会资源，因此消费水平适中，比较接近大部分人的经济承受能力，又弥补了目前养老院床位紧缺、资源紧张的不足，是一种适合中国国情的养老模式。我们可以预见的是，在不久的将来，这种养老模式还会迅速发展，服务项目会更加多样化，政府支持会进一步完善，也会使更多的社区受益。

亲情的力量

无论老人选择的是什么样的养老方式和地点，对他们来说，来自亲人和朋友的关怀才是最重要的。即使是最训练有素的护理和服务也无法取代亲情。我们和年迈的亲人一起度过一些美好时光，看望他们，与他们聊天，经常写写信、打打电话，都会提高他们的生活质量。

无论是选择居家养老还是选择入住养老机构，老人与亲人、朋友的沟通都非常重要。一项面向唐山市某老年公寓住户的生活质量评估表明，老年公寓住户的生活质量受到年龄、性别、婚姻状况、地区差异等因素的影响。对大部分老人来说，无论是什么养老方式，这些因素都是普遍影响到他们生活质量的典型因素。但是，对于住在老年公寓的老人来说，其他一些因素也对他们的生活质量影响很大，包括对公寓各项服务的满意程度，家人对自己是否关心，以及个人的心理情绪。这项研究说明，即使是在养老机构生活，与家人的关系和沟通也直接影响到老人的生活质量。[9]

> 当乔安娜的母亲由于年迈体弱，不得不搬进养老院时，乔安娜为她母亲挑选了一个离自己工作地点很近的养老院，正好在从家里到办公室的路上。乔安娜在她母亲在世的每一天都去养老院探望母亲。她深感养老院地点选择的重要性，这样她不用费太大力气就可以每天跟母亲见面。乔安娜至今还记得，她每次去探望母亲时，养老院里其他一些孤单的老人的眼神。他们都很高兴看到乔安娜，喜欢和她打招呼、聊天。同时，乔安娜也感到，她的到来更勾起了那些孤单的老人对自己的子女和孙子、孙女的思念。

年迈的"空巢老人"和搬入养老院的老人，很容易有一种被抛弃的感觉。如果他们的亲人一年里只在节假日偶尔探望一下他们，那么这种被抛弃的感觉就更深了。有人来经常探望他们可以令他们感到自己还是被关心、被爱护的。

如果你的父母住在自己家里,那么你在探望他们的时候,也可以多和他们的邻居交流。俗话说,远亲不如近邻。有时候邻居提供的小小帮助也可能为老人的生活带来很多便利。如果你的父母住在老年公寓或养老院里,那么你在探望他们的同时,也应该尽量与那里的工作人员熟识。通过他们,你可以更多地了解自己父母的起居和健康状况。当你对自己父母的生活细节十分关心、常常询问的时候,工作人员也会受到你的影响,更加留意老人的生活细节。与工作人员建立友好关系,也会让他们感到自己工作的价值,激发他们的工作热情。

你的生活中一定还有很多朋友也面临着照料年迈的亲人的任务。如果你的父母住在老年公寓或养老院,那么你在探视他们的时候,也许会遇到一些同辈人。在这个过程中,你可能会发现自己正在面对的问题,很多人也有。你可以试着与这些生活境遇相似的人慢慢建立起一个朋友圈。你们或许能交流一些有用的信息,或许能在照料父母的过程中互相帮助,或许能形成一种集体的力量来推动自己父母所在的老年公寓或养老院提升服务质量。

参考资料:

1. 养老机构在《旧唐书·武宗纪》《宋史·食货志》《元史·食货志》《明会要·恤鳏寡孤独》等历史文献及清代的各地县志中都有所记载和描述.

2. 杜雪平，董建琴，王建法，等. 西城区银龄老年公寓现住老人基本情况调查 [J]. 中国全科医学，2006(13)：1098–1099.

3. 左冬梅，李树茁，宋璐. 中国农村老年人养老院居住意愿的影响因素研究 [J]. 人口学刊，2011(1)：24–31.

4. 丁煜，叶文振. 城市老人对非居家养老方式的态度及其影响因素 [J]. 人口学刊，2001(2)：12–17.

5. 江琴普，孙东，苏顺英，等. 家居和老年公寓老人生活质量对比分析 [J]. 上海精神医学，2005(2)：78–79.

6. 刘刚，周新荣. 在老年公寓与家居生活老年人的生活质量比较研究 [J]. 中国民康医学，2010(2)：205.

7. 曾智. 我国居家养老模式比较研究 [D]. 武汉：武汉科技大学，2008.

8. 陈军. 居家养老：城市养老模式的选择 [J]. 社会，2001(9)：22–24.

9. 李丹，关维俊，马秀芳，等. 老年公寓老年人生命质量及其相关因素的研究 [J]. 华北煤炭医学院学报，2006(1)：19–21.

第六章　家庭内部的交流

* 家庭会议
* 冲突和抉择
* 后备计划
* 交流工具

在本书中，当我们谈到"家庭"这个词，它不一定专指有血缘或婚姻关系的家庭。家庭可以是由亲人组成的，也可以是由其他人，包括朋友、事业伙伴、宗教或社会组织中的伙伴，或者其他任何对你来说像亲人一样的人组成的。这些人有的与你有血缘或婚姻关系，有的没有。当一个家庭面临护理年迈或重病的亲人，甚至有一天将面对这个亲人死亡的时候，家庭成员之间的交流和合作是至关重要的。本章着重讨论病人家庭内部的交流方式和现代生活中一些越来越受人们重视的交流工具。病人与其家庭成员对具体内容的交流将作为单独的话题在第七章着重讨论。

家庭会议

当一个家庭有人身患重病，或正在走向生命的终点，需要被看护和照料时，家庭内部的交流是至关重要的。主要护理人，例如病人的配偶或承担主要护理任务的子女，可能需要与所有的家庭成员探讨最好的护理方案，并了解所有的家庭成员对护理方案是否有统一的看法。这种交流不仅可以让一家人互相支持，而且可以预防因意见不一造成的不必要的麻烦。当你对如何照料年迈的亲人有一定设想时，大到医疗方案的选择，小到生活细节的照料，不要想当然地认为所有的家人都是同样的想法。在亲人走向生命终点的最后阶段，可能会有很多家庭成员的看法差异和感情起伏忽然爆发出来。提前发现可能存在的差异，总比在紧急情况下被迫做出选择好。因此，家庭内部的交流和家庭成员面对面的会议是非常重要的。

在面临重要决定的时候，面对面的家庭会议远远强过电话会议。即使有些家庭成员住在外地，也最好尽一切努力安排一次面对面的家庭会议，确定一个总体计划，并且保证大家都按这个统一的计划行事。

最重要的决定之一是关于看护地点的。有时候一部分子女可能会希望患病的老人住在家中，另外一部分可能觉得有专业医疗设施的地方，比如医院、急诊病房，会是更好的选择。有时候患病的老人可能会坚持留在家中以尽天年，而子女认为医院能提供更及时的救治。有时候病情可能看起来并不严重，但是老人却坚持认为去医院做全面检查才更安全。如果在这一问题上家庭成员之间存在重大分歧，那么最好在病人情况转为紧急之前，家庭成员都集中到一起，面对面地讨论，预先做出决定以应付各种突如其来的情况。其他重要问题可能还包括病人的治疗方案、手术和用药的抉择，以及家庭成员如何分担照料亲人的工作和花费等。

如果有些家庭成员不能到场参加讨论，或者不愿意牺牲时间和精力参加这样一个会议，那么他们应当放弃决议权，尊重其他家庭成员做出的决定。如果一个家庭成员自己不能来参加这个会议，却对其他人做出的决定指手画脚，那么不仅对事情没有帮助，还会给其他人造成很大的困扰。

冲突和抉择

不同的家庭面对紧急情况时会有不同的表现。有些家庭里成员之间合作协调，没有任何矛盾冲突；有些家庭里成员之间可能会出现不同意见，甚至一定程度的冲突。有时候矛盾来自家庭成员对如何护理年迈亲人的看法不同，有时候矛盾来自家庭成员对护理责任的分担不均。很多时候，虽然家庭内部有各种不同的意见，但是大家的出发点都是好的。因此，在整个家庭都面对亲人的重病和死亡困扰时，家庭成员间充分的交流和相互理解是很重要的。

有些家庭可能是一两个子女承担起照料老人的主要任务，而其他子女由于种种原因不能经常亲自照料老人。可能的原因包括住在外地，忙于应付生活中的其他事，配偶不支持他们多花时间照料父母，等等。当一家人在照料老人的态度、责任等方面有分歧的时候，就难免产生矛盾。有时候这些矛盾可以通过交流和其他亲友的调解来解决，有时候这些矛盾只能靠时间来淡化。在经过了一段时间后，也许大家能宽容和谅解对方，相信对方尽管没有达到自己的要求，但是已经在他力所能及的范围内尽量做到最好了。

家庭矛盾如果发展到一定程度，可能会给人带来强烈的愤怒、悲哀或其他混乱情绪。这些负面情绪在一个人忙于照料重病的亲人时，或是在亲人去世后的哀悼阶段，都会增加额外的压力。如果你在生活中必须要面对这样的困境，那么我们的建议是，无论能否解决家庭内部的矛盾，最重要的还是想办法调整自己的心态，不要沉浸在过去的负面经验里。有时候这很难靠个人的力量做到，你可以考虑寻求专业的心理咨询师的帮助。

在面对亲人的重病和死亡时，很多人都要面临一些生活的抉择。有时候一家人会有不同的选择，有时候每个人都要在不同的选择之间做一番心理斗争。对于每个人来说，也许最好的选择标准就是，当他日后回想起这段亲人重病和死亡的日子，不会后悔自己的选择，也相信自己已经尽力给了临终的亲人最大的关爱。

在乔安娜照顾自己年迈的母亲时，只要面临重大的抉择，她就会问自己，怎样的选择是符合她自己一贯信奉的价值观的，怎样的选择是她相信对自己的母亲最有好处的。后来，当乔安娜回想起自己母亲去世前的两年，她觉得可能不是所有的选择都是百分之百正确的。可能有一些事情，如果要她重新决定，她就会有不同的选择，但最重要的是，她相信自己当时在面临所有的选择时，都尽最大的努力了。在母亲去世之后，乔安娜深深地感到自己在照料母亲的过程中经历过的一切，愉快的、不愉快的，甚至是艰难的时刻，都是她人生中宝贵的体验。她不仅没有后悔和哀怨，而且非常感谢命运给了她这样深刻体会生命与死亡的机会。

后备计划

有时候最完美的方案可能不存在，或者你可能没有办法去实现自己心目中最好的照顾父母的方案。在这种情况下，一个符合现实条件的后备计划可能会帮你尽自己的能力做到最好。

玛丽一直希望自己年迈的母亲可以在家里度过晚年。她相信，只要自己跟哥哥和妹妹轮流照顾母亲并分担母亲生活的费用，这就可以实现。但是，玛丽的哥哥和妹妹出于自己小家庭及生活和工作各方面的考虑，坚持要把母亲送到养老院。如果哥哥和妹妹不能分担照顾母亲的任务和费用，玛丽就没法在工作之余一个人承担起照顾母亲的所有事情，也无法负担母亲在请保姆和家庭护士及住宅上的一切花销。

因此，玛丽陷入了深深的苦恼。她求助于心理治疗师，希望能找到一个解决办法。心理治疗师告诉她，因为父母晚年生活的安排和临终护理方面的问题引起的家庭冲突并不罕见。很多时候，由于个人能力和经济能力的限制，不是每个人都能找到最好的解决办法。如果得不到兄弟姐妹等其他家庭成员的支持，那么玛丽对母亲晚年生活的计划是无法凭她一个人的力量实现的。如果玛丽无法改变其他家庭成员的决定，那么她所能做的就是在自己能力范围内为母亲做最好的安排。最后，玛丽意识到，虽然她无法改变母亲将在养老院度过晚年这个事实，但她还是可以尽自己所能照顾好母亲。于是玛丽在母亲住进养老院后，安排好自己的工作时间，确保自己每天都能去养老院探望母亲，跟母亲聊天，并且密切观察母亲在养老院的生活，一有问题就及时跟养老院护工和管理人员沟通。这样，虽然玛丽没能按自己最初的理想计划让母亲在家中度过晚年，但她仍然尽自己的努力实施了一个后备计划，在自己能力范围内给了母亲最好的照顾。

交流工具

当今社会，信息技术在人们的生活中发挥着越来越大的作用。互联网、电子邮件、社交网站也越来越多地起到帮助家庭成员之间交流的作用。美国退休人员联合会（Amercia Association of Retired Persons, AARP）和微软公司的一项合作研究显示，大部分美国人已经把电脑、手机和互联网当作方便有效的家庭交流工具，并认为这些现代交流工具方便了几代人之间的交流，有助于消除代沟。研究者对不同年龄组进行了问卷调查。在接受调查的青少年中，有 70% 的人认为互联网增加了他们与远在外地的亲人交流的机会，有 67% 的人认为互联网有助于提高家庭交流的质量。在 39 岁以上的接受调查的人群中，大部分人也同意这些观点：有 63% 的人认为互联网增加了他们与远在外地的亲人交流的机会，有 57% 的人认为互联网有助于提高家庭交流的质量。[1]

这里我们总结几类适用于家庭交流的工具。

社交网络

社交网络在现代人生活中扮演着越来越重要的角色。前些年，中国的大型社交网站包括人人网、开心网、QQ 空间、豆瓣等十几家。大部分社交网络的使用者是 30 岁以下人群，使用范围主要集中于同学、朋友等家庭以外的交流。当时可能还没有很多人会把这些社交网站与家庭内部的隔代交流联系起来,但是近些年社交网络的使用者向成熟人群,甚至高龄人群扩展,也越来越私人化,常用于与现实生活中亲友的交流。

美国的早期社交网站中最具知名度的是 My Space,主要在高中生和大学生中流行。后来 My Space 的人气被之后创建的 Facebook 迅速夺走。Facebook 初创时主要面向大学生和研究生,后来发展迅速,扩展到各类社会人群中。美国宾夕法尼亚大学的一项题为《社交网络和我们的生活》的社会调查研究显示,2008 年,Facebook 用户的平均年龄是 33 岁,而到了 2010 年,Facebook 用户的平均年龄已经增至 38 岁。平均每个 Facebook 用户的网络友人名单中,有 8% 的友人是其近支家庭成员,包括父母、儿女、兄弟姐妹、配偶等,有 12% 是其他直系亲属和远房亲戚,10% 是同事,22% 是高中同学,9% 是大学同学,7% 是共同参加社区志愿服务的同伴,2% 是邻居。[2] 从这些统计数字我们可以看出,在 Facebook 用户群中,已经有越来越多的退休人士和中老年人,大部分人也主要把 Facebook 用于家庭内部的交流和与自己生活圈中朋友的交流。更值得注意的是,仅仅在 2008—2010 年,Facebook 中 65 岁以上的网络用户就从 2% 增加到了 6%,50~65 岁的用户从 9% 增加到了 20%。这意味着随着社会发展,越来越多的老年人在使用互联网并通过社交网络与自己的亲友联络。

其他的社交网络，包括中国的一些社交网络，也有类似Facebook的发展趋势，拥有越来越多的各个年龄层的用户，尤其是老龄用户，并被越来越多地用于亲友之间的交流。

微博，即微型博客，在近年来已拥有越来越多的用户。与其他社交网络类似，微博的用户平均年龄也有增长趋势。越来越多的老年人加入了微博用户群。很多人把微博用于和家人的交流联络。

2011年问世的微信是主要面向智能手机用户的社交网络。与其他社交网络相比，微信不仅支持各种多媒体网络交流，而且有功能多、用户面广、隐私性高等特点，非常适合亲友之间的交流。

抖音、快手等短视频平台也主要面向智能手机用户，平台不断利用大数据算法把用户喜欢的视频推荐给用户，使得用户停留的时间越来越长。而且相较于传统媒体，短视频节奏更快，内容也更加紧凑，符合用户的碎片化阅读习惯，也更方便传播，同样适合亲友之间的交流。

另外，在一些病人及其家属的热情推动下，中国还出现了一些专供各类病友及其家属交流治疗、养护经验的社交网站，以及方便亲友间分享相关疾病科普文章或小视频的微信公众号和各平台的视频号。

互联网电话

互联网电话在全社会的普及率已经越来越高。与传统电话服务相比，互联网电话费用低廉，并且能方便地与其他网络技术如视频、传真等结合使用。互联网电话不仅在商务活动中功能强大，在家庭联络中也发挥着越来越大的作用。

在目前各类互联网电话产品中，Skype 是一个很受欢迎的工具。Skype 支持电脑与电脑之间的免费通话和视频，也支持多人电话会议，并且有适用于手机和平板电脑的应用软件。通过 Skype 拨打电话号码，费用也比较低廉。

面向苹果电脑和苹果手机的 FaceTime，也是一个非常受欢迎的网络电话和视频工具。FaceTime 在音质和画质方面有较强的优势，但是只能用于苹果电脑和电话产品之间的通讯。

微信和腾讯 QQ 的网络语音和视频功能都很完备，人们用手机客户端就可以在有网络的环境下轻松地交流，非常方便。

英国萨福德大学的一项研究显示，电脑和互联网技术不仅帮助那些独居的人（包括单身人士和孤寡老人）增加了与亲友的联络，还使很多人增加了与常年住在一起的亲人的交流，加强了家庭纽带关系。一个常见的例子是，在家庭中，通常年轻一代先接触最新的网络媒体技术，而老一代则需要跟自己的儿女或孙子孙女们学习使用互联网、电子邮件、互联网电话等对他们来说全新的事物。在这种学习和交流中，几代人之间增加了共同话题，这些新技术也使几代人之间的交流更为频繁和通畅。

笔记本

虽然现代信息技术为家庭交流提供了各种便利方法，但是普通的纸质笔记本这种"古老"的记录工具仍然是家庭交流的宝贵工具。它不需要任何其他装备，只需一支笔，就能让人随时随地记下病人生活的细节和对护理的具体要求，并与其他的护理者分享。这种随时随地的记录和信息分享往往是很重要的。

如果病人是在家中由家里的几个人或者全职保姆轮流照料，那么一个笔记本可能就够了。如果每天有医院的护士或其他护工定时来值班，那么最好有另外一个专门的笔记本供值班的护士或护工记录。不同的笔记本最好使用不同颜色的封面，并做出清晰的标记。家里人用的笔记本可以记录一些随时发生的小事或家务琐事，比如，"妈妈今天又自言自语地跟已经去世的爸爸说话了，她老是以为爸爸还在身边。"或者"谁下星期有空帮妈妈买瓶护肤霜？"供值班医护人员记录的笔记本则最好有规范的格式，记清楚每天值班医护人员的姓名、到达时间、离开时间及他们在一天里帮病人做的事情，给病人服的药物和服药时间，以及其他对病人的观察。家里人对值班医护人员的问题和嘱咐，也可以记录在这个笔记本里，注明日期和时间。

如果病人住在医院或养老院，那么一个笔记本可能就够了。这种情况下一个小的笔记本会比较方便，我们可以把它放在病人的床头抽屉里。由于医院和养老院是公共场所，在这种情况下，记录病人信息的笔记本要注意放在固定的地方，并且最好是在抽屉里而不是桌面上。一个供所有家庭成员和护理人员共同参考的、放置在固定地方的简单笔记本，会对护理者之间的交流和病人病情、生活起居的记录发挥很大的作用。

参考资料：

1. AARP 和微软公司关于互联网及其他电子工具在家庭交流中的使用的联合研究：

    assets.aarp.org/rgcenter/general/Connecting-Generations.pdf

2. 皮尤研究中心（Pew Research Center）和宾夕法尼亚大学关于社交网络和我们的生活方面的联合研究：http://pewinternet.org/Reports/2011/Technology-and-social-networks.aspx

第七章　从现在开始规划

* 指定医疗决策代理人和确立生前预嘱
* 遗嘱和执行人
* 列一个至亲好友名单
* 筹备殡葬、追悼事宜
* 相关宗教仪式和祭奠
* 筹备葬礼
* 追悼仪式
* 丧宴
* 附录 1：生前预嘱样本 1
* 附录 2：生前预嘱样本 2
* 附录 3：丧葬活动计划表
* 附录 4：美国加利福尼亚州生前预嘱公益宣传手册
* 附录 5：北京生前预嘱推广协会《我的五个愿望》

在理想的情况下，我们每个人都希望自己能有充足的时间来思考我们在生命的最后阶段有什么愿望，也希望能来得及与自己的亲人交流这些愿望，但是很多人还没有来得及向亲人交代自己的愿望，就忽然走到了生命的最后阶段。有的人忽然遭到重大事故而意外死亡；有的人忽然出现急重症，一下子不能生活自理。这里列出了一些可供参考的事项，来帮助你决定哪些事情你可以提前向自己的家人交代，哪些愿望是你希望亲人了解并帮你实现的。每个人的生活环境和具体情况各不相同，所以这里列出的一些注意事项要由当事人根据他所面对的各种事务的轻重缓急来做出选择，决定先做哪些，后做哪些。

我们也需要意识到，一个年迈体虚的人或走向生命最后阶段的病人在任何时候都可能会失去一些与人交流的能力，比如讲话、写字，甚至指东西、点头摇头、眨眼示意等。这种交流能力的丧失可能会发生得很突然，也可能会在死亡过程中一点点发生。

老人或重症病人突然丧失交流能力，这对他的家人和其他护理者来说是一个很大的挑战。因此，我们在这一章里列出了一些重要的、需要家庭内部多多交流的事务。一旦老人或重症病人失去了交流能力，一家人之间就再也无法就这些重要问题进行讨论和交换意见，所以千万不要忽视家庭内部的交流，不要以为这些重要的讨论可以拖到以后去做。现在就开始与你的亲人交流这些话题，了解他的愿望和意见吧！

指定医疗决策代理人和确立生前预嘱

对很多老年人和重症病人来说，自主地决定自己愿意接受什么样的医疗和护理，是一件很重要的事。这可能决定他们在生命最后阶段的生活质量，也关系到他们是否能愉快地度过临终阶段。

现代医学越来越发达，给人们提供了很多有益的新药和新的治疗方案。但是，对全社会大部分人有益的医疗方法，并不一定对所有的老年人或重症病人有益。一个突出的例子就是创伤性手术，比如胸外科手术、髋关节手术等。如果一个需要做手术的病人因为各种各样其他的病症，有生之日有限，那么对他来说，接受一个危险系数非常高并且需要卧床恢复几个月的外科手术就不是那么明智的选择。在美国，很多人在走到生命最后阶段之前，都希望安排好相关法律文件，以保证按照自己的意愿度过生命的最后阶段。他们一般会通过具有法律效力的医疗委托书来指定自己的医疗决策代理人，并通过建立生前预嘱来阐明自己在生命的最后阶段愿意或不愿意接受什么样的治疗和护理。

通常这个医疗决策代理人是委托人的配偶、子女或其他直系亲属，有时候也可能是委托人的密友，或受雇于委托人的律师等专业人士。当一个老人或重症病人失去了语言交流能力，无力表达自己的愿望时，根据事先确立的医疗委托书，他的医疗决策代理人就有权利和责任帮他做出医疗护理方面的决定，大到是否接受器官移植，小到是在家接受护理还是住到养老院。医疗决策代理人有义务严格按照委托人所签署的医疗委托书上的愿望为委托人做出医疗护理方面的抉择。在实际生活中，许多细节问题是无法一一在医疗委托书上预先提出的，因此，有时候在委托人临终弥留之际，或因病无力表达自己的愿望时，医疗决策代理人需要根据医疗委托书的主旨和自己对委托人的了解做出合理揣测，替委托人做出决定。所以一般来讲，医疗决策代理人应该是与委托人关系亲密，对他有较深了解，并且愿意忠实执行他的愿望的人，或者是有法律义务严格执行委托人愿望的人。

从老人或重症病人的角度出发，当他们选择自己的医疗决策代理人的时候，无论是从家庭内部还是从朋友当中选择，都应当考虑到这个医疗决策代理人是否与自己有相似或相近的价值观，是否能够全心全意地认同自己的选择。这个医疗决策代理人应当尽量保证在病人无力与人交流的时候，代替病人做出最符合他愿望的决定。如果这个医疗决策代理人与病人有相近的价值观，能在许多基本问题上很容易达成共识，那么在他代替病人做出医疗决定的时候，就不会误解或曲解病人的愿望。因此，我们建议病人在指定医疗决策代理人的时候先列出自己对一些医疗护理问题的抉择和愿望（可参考本章附录生前预嘱样本中涉及的问题），然后与自己想要指定为医疗决策代理人的家人或朋友进行深谈，确保这个人完全理解自己的愿望并愿意全力实施这些愿望。病人不要只是匆匆指定一个医疗决策代理人，主观地认为这个医疗决策代理人一定会了解和执行自己的全部愿望。病人在选择自己的医疗决策代理人时，还需要考虑到这个医疗决策代理人是否为人正直，意志坚定，愿意尽最大的努力保证自己的愿望得到尊重和执行，不会因为个人利益而牺牲或任意曲解自己的愿望。

另外，特别值得注意的是，随着中国法制的健全和人们隐私权意识的提高，病人的医疗隐私将受到法律的严格保护。这也意味着在相关法律法规制定后，病人本人和直系亲属以外的人或许不能轻易获得病人的医疗信息。目前世界上很多国家都有保护病人医疗隐私的法律。以美国为例，1996年的《患者隐私权法案》规定患者的医疗记录必须严格保密，不得泄露给除病人本人、直系亲属和医疗决策代理人以外的任何人。中国在2010年颁布了《中华人民共和国侵权责任法》。随着这一法律的进一步完善和推行，中国患者的隐私和医疗记录都受到法律的严格保护。因此，家庭中的主要护理者如果不是病人的直系亲属（配偶或子女），就有必要预先做好书面委托，以保证家庭中的主要护理者可以随时就病人的情况与医务人员沟通。

对很多美国老年人来说，建立医疗委托书是一件很重要的事。美国大部分医院和诊所都有医疗委托书空白表格，供人即时签署使用，政府机关网站上也有此类表格供人下载使用。美国50个州的医疗委托书官方样本不完全相同,但是内容基本一致。

虽然中国尚未全面确立专门针对医疗决策委托的法律,但是老年人和重症病人还是可以考虑选择和指定一个自己信赖的亲人,把自己的愿望和要求告诉他,委托他在关键时刻为自己做出医疗决定。知道自己的愿望有人知道并会得以实现,对一个处于生命最后阶段的人来说往往是一种慰藉。如果一个家庭中,有一个人按照病人意愿被特别指定为病人医疗护理方案的主要决策人,那么在有需要做出相关决定的时候,家庭成员也比较容易迅速做出决定并达成一致。按照中国惯例,在病人住院并需要做出医疗方案的选择时,如果病人自己已经失去了语言或其他表达能力,那么一般来说,只有直系亲属才有权替他做出医疗决策。因此,病人如果需要其他非直系亲属或朋友作为自己的医疗决策代理人,那么应当提前做好准备,通过律师建立有法律效力的委托书,特别指明医疗委托事项。

即使有完备的法律程序,病人与家人、朋友关于自己医疗选择和生前预嘱的交流也是不可缺少的。在美国,也有不少病人家属由于缺乏对病人心愿的了解,曲解和违背了病人的医疗选择。乔安娜亲身观察到的一个朋友的故事就是一个例子。

乔安娜的朋友戴安娜曾经多次表达过她希望自己生命的最后阶段能在自己家里度过,而不是在养老院或医疗机构度过。在自己生活了几十年并感到熟悉亲切的家庭环境里安然离世，对她来说是一件非常重要的事，是比享受最先进的医疗设备或者得到最及时的抢救都更重要的事。然而，当她指定自己的医疗决策代理人的时候，并没有详细交代清楚自己的这一愿望。后来戴安娜罹患卒中，一下子丧失了说话、写字、指东西，甚至通过摇头和眨眼睛来回答问题的能力。医生建议戴安娜在有医疗设施的机构进行长期疗养。戴安娜的医疗决策代理人因为并不了解戴安娜非常不愿意离开自己家的心情，出于对戴安娜生命健康的考虑，认为戴安娜住在有医疗设施的养老院是最好的办法。因此，虽然戴安娜极其不喜欢养老院，从经济上她也完全可以负担得起在家中安装医护器材和享受医疗服务，但她还是被送进了养老院。由于戴安娜得过卒中，在养老院里，她被按照高危患者对待，每天除了短暂的理疗，大部分时间都被局限在一架轮椅上不得动弹。这样的生活方式剥夺了她通过行走、活动自然康复的能力。在这样的生活中，戴安娜日渐变得愤怒、焦躁。这本来是她对生活的不满造成的，但是却被养老院的护理人员诊断为精神障碍，因此，戴安娜又被迫服用大量治疗精神障碍的药物。这些药物使她日渐呆滞，失去了最后的生命力。

在中国台湾地区，成立于1995年的台湾安宁照顾协会大力推动了台湾民众对生前预嘱的了解和使用。台湾安宁照顾协会在 2006 年推出了《预立安宁缓和医疗意愿书》，并向大众提供注册和监督执行的服务。《预立安宁缓和医疗意愿书》与前文提到的在美国使用的各种版本的医疗委托书功能类似，不过这一文件更加强调病人自主决定自己在疾病晚期和临终阶段接受或不接受什么样的治疗和护理。《预立安宁缓和医疗意愿书》刚刚推出的时候，遇到了不少阻力，也面临着很多来自病人家属的顾虑。很多人不愿意触及与死亡相关的话题，更不愿意仔细思考自己在临终阶段的生活方式。一些病人的子女也有各种各样的顾虑，担心对病人不急救就等于不孝顺。而正是这一文件，促使更多的病人和他们的家人共同思考和决定医疗护理方案。当一些病人明确表达出他们对自己临终阶段医疗护理的愿望和抉择时，他们子女的顾虑也就自然而然地被打消了。在过去的十几年中，台湾安宁照顾协会成功地推动了台湾民众对晚年生活的思考，以及对晚年护理的自主抉择。据该协会统计，在 2006 年，签订和使用《预立安宁缓和医疗意愿书》的人有 5 千多人。随着人们对生前预嘱的接受度不断提高，越来越多的人开始接受这种医疗理念。截至 2013 年，已有超过 20 万人签订和使用《预立安宁缓和医疗意愿书》，仅 2013 年一年，就有 6 万多人签署这一意愿书。

中国台湾地区在 2000 年通过了《安宁缓和医疗条例》，并在 2002 年、2011 年及 2013 年对这项条例进行了修订完善。

这项条例规定，疾病晚期病人有权利拒绝以延长生命为目的的痛苦的治疗方法，选择利用止痛药减轻痛苦，慢慢等待死亡。同时条例规定，20岁以上具完全行为能力之人可以签署缓和医疗意向申请（前文中提到的《预立安宁缓和医疗意愿书》就是一个例子）。在申请签署后，相关信息会储存在签署人的医疗磁卡中，即使签署人日后失去意识或表达能力，储存好的信息也会有法律效力。

在中国大陆地区，医疗委托方面的法律法规还没有完全确立，但是随着社会生活水平的提高和全社会对生活质量的进一步追求，医疗委托和生前预嘱越来越受到全社会的关注。2013年，中国第一个以推广"尊严死"理念和普及生前预嘱教育为使命的公益组织——北京生前预嘱推广协会（Beijing Living Will Promotion Association, LWPA）成立了。由北京生前预嘱推广协会主办的生前预嘱注册中心为社会提供关于生前预嘱和善终服务的教育和培训，为政府和有关职能部门提供相关咨询，并面向大众提供生前预嘱注册的无偿服务。北京生前预嘱推广协会是由北京市卫生局主管，经北京市民政局批准正式登记注册的公益性组织。它的发起单位包括中国医学科学院北京协和医院、首都医科大学附属复兴医院、航天中心医院、中国医学论坛报社、北京市天元律师事务所等。北京生前预嘱推广协会的工作体现了中国自政府到民间对生前预嘱问题和生命末期生活质量的关注。

通常情况下，当病人不能自己做出医疗决定的时候，医生都会听取病人直系亲属（配偶、子女或父母）的意见。很多时候，治疗和护理的决定是根据病人的身体状况做出的客观判断，但是也有些时候，医疗方案的选择是由主观愿望决定的。比如，在呼吸停止的情况下是否使用心脏起搏器，在治疗或抢救过程中是采取保守方案（药物治疗、小手术等）还是紧急方案（截肢、开颅、胸腹腔大手术等），在临终阶段是回家休养还是住院观察，等等。有时候这些决定对病人能否愉快地走完生命最后阶段是非常重要的。本章附录中有两份美国生前预嘱法律文件的样本，其中包括了一些治疗护理选择和临终愿望的最重要问题。虽然中国还没有确立相应的法律文件，但是作为病人的亲友，你应当考虑尽早与病人交流，并且可以针对一些问题向他提问，直接了解他的意愿。在交流过程中，你可以参考附录中生前预嘱样本中涵盖的一些话题向他提问，并记下他的回答。你也可以让他亲自撰写一份生前预嘱作为家庭文件。即使作为没有法律效力的非正式文件，这些交流和记录也很可能会在未来的日子里帮你或其他家属为他做出最符合他愿望的医疗决定。我们还建议读者浏览北京生前预嘱推广协会网站（www.lwpa.org.cn），寻找相关的文献和教育材料。这个网站提供了大量与生前预嘱相关的自然科学和社会科学文献，以及实用性的参考资料。

陈先生一家是生活在美国加利福尼亚州的美籍华人。一天,陈先生90岁的母亲突发卒中,抢救后昏迷不醒,全身瘫痪,呼吸虚弱,无法自行饮食。为了维持她的生命,医生在抢救之后给她配备了呼吸机和鼻饲管。医生要求家属做出决定,是尽一切力量用高科技设备维持陈先生母亲的生命,还是顺其自然,不强行用鼻饲管喂食。陈先生看到母亲一动不动地躺在床上,心里十分难过。陈先生的母亲在卒中后全身都不能动弹,但是有一天,在病床周围没有人的时候,她突然伸手把呼吸用的管子和鼻饲管都拔了。没有人知道为什么这个几乎完全不能动弹的老人竟然能自己把管子拔出来,但是这件事更加使陈先生深信母亲的生命虽然被抢救,但是身体上十分痛苦。呼吸机和鼻饲管虽然能维持她的生命,但是也延长了她的痛苦。陈先生的父亲却不这么想。他无论如何也不能接受生活中没有这个陪伴了自己60多年的老伴,并且坚信应该不惜一切代价维持老伴的生命。因此,一家人在这个问题上产生了很大的分歧。

是应该不惜一切代价维持老人的生命,还是在病痛太严重的时候停止抢救,让老人自然离去?像陈先生家遇到的这种问题,在生活中并不常见,很多人也从来没想过这样的问题。但是在有重症病人和绝症病人的家庭中，类似的问题也并不十分罕见。是忍着巨大的病痛维持生命，还是不使用维持生命的先进仪器，其实病人自己最有决定权，但是当病人失去了语言表达能力，家里人又意见不统一的时候，这就成了一个难题。陈先生和他的父亲所持的意见，都是发自对陈先生母亲的热爱，一个希望她减少痛苦，一个希望她活得越久越好。假如陈先生的母亲在得病之前自己就预先针对这个问题做出决定，那么家里人只要尊重她的意见，照着做就可以了。当家里人在并不知道老人本人的意见，而是根据自己的生活观念做出截然不同的推测的时候，就难免进入两难的境地，谁也不知道怎样做才是对老人最好的。正因为这类问题是每个家庭都有可能面对的，也是很多家庭已经面对过并追悔莫及的，目前美国各州都有宣传老年医疗科普和临终关怀的组织，这些组织向人们进行生前预嘱的教育，并提供生前预嘱样本。本章附录就提供了美国加利福尼亚州的生前预嘱样本和配套的宣传手册译文。

遗嘱和执行人

老人或重症病人如果立过遗嘱，那么可以考虑隔一段时间就找出来审阅一下，看是否有需要修改的地方；如果还没有立过，那么可以考虑立一个。遗嘱可以通过律师建立，但不是必须的。

《中华人民共和国民法典》规定，遗嘱继承有几种形式，包括自书遗嘱、代书遗嘱、打印遗嘱、以录音录像形式立的遗嘱、口头遗嘱和公证遗嘱。

自书遗嘱由遗嘱人亲笔书写，签名，注明年、月、日。代书遗嘱应当有两个以上见证人在场见证，由其中一人代书，并由遗嘱人、代书人和其他见证人签名，注明年、月、日。打印遗嘱应当有两个以上见证人在场见证。遗嘱人和见证人应当在遗嘱每一页签名，注明年、月、日。以录音录像形式立的遗嘱，应当有两个以上见证人在场见证。遗嘱人和见证人应当在录音录像中记录其姓名或者肖像，以及年、月、日。遗嘱人在危急情况下，可以立口头遗嘱。口头遗嘱应当有两个以上见证人在场见证。危急情况消除后，遗嘱人能够以书面或者录音录像形式立遗嘱的，所立的口头遗嘱无效。公证遗嘱由遗嘱人经公证机构办理。

无民事行为能力人、限制民事行为能力人以及其他不具有见证能力的人，继承人、受遗赠人，以及与继承人、受遗赠人有利害关系的人不能作为遗嘱见证人。

遗嘱人可以撤回、变更自己所立的遗嘱。立遗嘱后，遗嘱人实施与遗嘱内容相反的民事法律行为的，视为对遗嘱相关内容的撤回。立有数份遗嘱，内容相抵触的，以最后的遗嘱为准。

另外无民事行为能力人或者限制民事行为能力人所立的遗

嘱无效。遗嘱必须表示遗嘱人的真实意思，受欺诈、胁迫所立的遗嘱无效。伪造的遗嘱无效。遗嘱被篡改的，篡改的内容无效。

无论你的亲人是自行建立遗嘱还是通过律师建立的，你们都可以考虑先咨询律师和专家，了解相关法律知识，以及遗嘱的格式和重要条目，以确保遗嘱语言的准确性和合法性。

遗嘱的执行人常常由指定律师担当。在委托人临终或死亡后，无法亲自处理经济和法律事务的时候，执行人将根据委托条款全权负责处理这些事务。如果你的亲人已经指定了执行人，那么执行人可以定期审阅相关文件，看是否有需要修改的地方。你的亲人如果还没有指定执行人，那么应当考虑指定一个，并起草相关法律文件。

需要注意的一点是，如果一个律师、会计师或其他专业服务机构被指定为执行人，那么他们的服务会按小时计价，即使是一些简单的，如付账单、联系家属等事务也会按专业服务计价。如果不存在复杂项目，那么很多情况下，执行人都可以由一个家庭成员来担当，而不需要专门请律师或会计师。

列一个至亲好友名单

如果你年迈的亲人健康状况尚好，你还很幸运地能与他进行语言交流，那么你可以问他一些关于他的至亲好友的问题，比如，谁是你生命里最重要的人？谁经常来探望你？谁经常给你打电话？谁经常给你写信？如果你不跟年迈的亲人住在一起，那你可能就并不认识他们的一些密友，比如，那个经常与你父亲一起喝咖啡的邻居，或者经常跟你母亲通电话的她的儿时好友。因此，你就有必要让他们告诉你哪些人是他们最亲密的、交往最频繁的朋友。

如果你的亲人已经失去了语言能力，不能直接与你交谈，那么你可以试试看能不能找到他的通讯录、贺年卡名单、用过的记事本或手机，并通过这些东西找到一些关于他的朋友的信息。如果没有这些物件，那么你可以先收集些零碎的信息，列出近支亲属和密友的名单和联系信息，然后一点点扩大到远亲和其他朋友。你还可以请几个与这个亲人最亲密的家人或朋友审阅这些联系信息以保证准确性。

如果你的亲人还能进行语言交流，那你可以让他说一说他希望在临终前与这个联系名单上的人分别保持什么样的交流和通讯。然后，你可以在名单上有些亲友的名字旁边注上"探视"，有的注上"电话通知"，有的注上"信件通知"或"电子邮件通知"。还有一些亲友可能你只需要在亲人去世后把消息通知给他们。另外，你还有必要发现和注明这个名单上已经过世的亲友。

建立这个联系名单的主要目的是了解哪些人对你的亲人来说是最重要的，哪些人是他在临终前最想见到或最想与之交谈的。一个人在临终的时候也许想见到许多人，也许不希望面前有很多人。你可以根据他的愿望和这个联系名单在他临终的时候召集他最想见到的人来与他告别。

筹备殡葬、追悼服务

人们对自己的丧葬事务有非常不同的看法。有些人对自己葬礼的安排有非常明确、细致的要求，有些人没有什么要求，觉得无所谓，还有些人根本不愿意去想任何与自己的死亡有关的事。在这一点上，你可能需要问清你的亲人，他是否愿意参与筹划他自己的葬礼。

无论你的亲人想要一个简单的还是程序复杂的葬礼，在悼念活动方面你们都可以有很多选择。你们可以通过展示这个亲人的常用物件和他一生的主要事件来纪念他，也可以让他的很多亲友在纪念活动中负责一些项目。

你如果想请一些人在悼念活动中讲话，就要仔细考虑好应当请哪些人，并尽量让每个人把讲话限制在比较短的时间内，比如3~4分钟。你可以请演讲人把讲话内容写成草稿，并尽量按稿发言，严格控制时间。你还可以向演讲人提出建议，与他商量他可以讲一些什么内容，这样就可以确保不同的演讲人所讲内容不会重复。

如果你的亲人愿意与你一起讨论如何安排他的葬礼，那你们可以用本章附录的丧葬活动计划表进行讨论和安排。

相关宗教仪式和祭奠

你可以向你的亲人了解他在临终前是否想要特定的传统或宗教仪式，是否需要在教堂或寺庙等特定的宗教场合举行这种仪式，是否需要向指定的神职人员咨询如何举行这种仪式。

如果你的亲人有特定的宗教信仰，但是已经多年不参加相关宗教组织的活动，却仍然希望去世后按宗教仪式举办葬礼和悼念活动，那么你可能现在就需要与相关宗教机构取得联系，了解他们对这类悼念服务的规定和程序（包括是否提供相关服务，以及提供的话的所需费用）。很多宗教机构在未来的一年里都排满了婚庆和丧葬活动，所以你必须提早做好计划，与相关负责人提前安排，而不能指望在亲人去世后匆匆打个电话就可以安排好悼念仪式在几天内举行。

及时联系宗教机构和负责人的另外一个好处是，你可以及时、全面地了解到宗教仪式的相关规定，包括对火化和埋葬的规定、遗体需要做的清洁处理（比如沐浴、涂油等）、瞻仰遗容的仪式形式、对棺材样式的规定、埋葬的时间，以及应该请来参加悼念和祈祷的亲友人数，等等。有时候临终亲人对葬礼的愿望可能与宗教机构的相关规定有矛盾之处，因此，你需要向相关神职人员了解清楚所有信息。

在与你的亲人讨论过并记录下他的愿望之后（最好由他本人签署一个书面委托书），你就可以根据这个记录与相关神职人员讨论所有的细节，逐一了解亲人的这些愿望是否都可以在他去世后的宗教仪式中得到体现。

筹备葬礼

无论你是否有办法了解你的亲人对丧葬活动的愿望，我们都建议你在亲人生前就开始了解丧葬服务的范围、种类和费用。

在亲人生前就开始考虑安排他的葬礼，不是一件容易的事，但是在亲人去世之后要马上安排一切丧葬事务，则是更难办的事。因此，我们建议你尽早了解丧葬服务的各种方案，并根据实际情况做出规划。

乔安娜非常庆幸自己在母亲去世的前几个月就咨询了丧葬服务机构，并做出了计划。当时她的兄弟姐妹都觉得还不需要考虑母亲的丧葬事务，不过他们也并不反对提前做一些计划。与丧葬服务机构商量之后，乔安娜选定了棺材和花篮的样式。此后，她又计划好了埋葬程序和悼念活动。然后，她联系了母亲教会里的一些密友，根据宗教习俗设计好了悼念活动。在与母亲的教友一起计划悼念活动的过程中，他们常常会聊起一些关于母亲的感人故事。通过与这些教友的共同努力，乔安娜终于能够设计出一个可以深切纪念她母亲的悼念仪式。"这是我一个人的力量所不能达到的。如果没有提前准备，必须在母亲去世后的 24 小时内筹备所有丧葬事务，那就没有办法安排如此感人的悼念仪式了。"

在亲人生前就开始计划丧葬活动的另外一个好处是，你可以有时间仔细比较不同的丧葬服务和费用。此外，你还可以与自己的亲人一起讨论一些细节的安排，比如骨灰罐的样式、骨灰的处理方式、葬礼参加者的名单等。

其他需要考虑的还包括以下问题。

* 你的亲人希望骨灰入土安葬还是抛撒。如果他想要在墓地埋葬，墓地是否已经买好或租好？如果已经有墓地，那么你需要提前了解墓地对埋葬的规定。如果他想葬在已故配偶的墓地，那么你还需了解墓地管理机构对合葬的规定，比如最多允许几个骨灰罐葬在一处及骨灰罐如何排列，以及对合葬的棺材有什么要求，等等。如果还没有墓地，那么你可能需要了解你的亲人对墓地有什么要求。

* 如果你的亲人想要在墓地埋葬，那么你还需要先向有关墓地管理机构了解他们对墓碑的规定，然后与你的亲人商量他想要什么样的墓碑（颜色、样式、形状、材质等），以及他对墓碑上刻的字有什么要求，如何刻名字，想在墓碑

上刻什么字句，是否想刻上宗教图案，等等。如果你在亲人去世之后才定制墓碑，那么我们建议你再三确认他的姓名写法和生卒年月，最好参照可靠文件，不要单凭记忆。改刻墓碑会是件很麻烦、花销也很大的事。可能的话，最好在你的亲人生前就开始选择和定制墓碑，这样你就会有时间仔细比较墓碑的质量和价格，也能从容地选择墓碑的形状、大小、颜色、设计和碑刻内容。

追悼仪式

你需要意识到的是，追悼仪式不仅仅是为了你过世的亲人，也不仅仅是为了你自己。追悼仪式对逝者的许多亲友来说同样重要，这是他们向逝者告别和祝福的一个重要活动。追悼仪式上用的小卡片和小物件也有可能成为亲友们日后怀念逝者的重要纪念物。乔安娜的一个朋友就曾说过，她94岁的奶奶告诉她，每当她想念那些过世的老朋友时，就会翻看这些朋友追悼仪式上的祈祷卡片。在这个奶奶心中，这些卡片就代表着她的朋友们，能使她回想起她们一起度过的时光。

当乔安娜家一位很老的长辈去世的时候，家里一个年轻人说："没有必要开追悼会了吧？她所有的朋友大概都已经去世了。"事实却不是这样。后来他们为这个长辈组织了追悼会，到场的有 80 多个亲友。这使乔安娜认识到，无论一个人去世的时候有多老，都可能有很多人想参加他的追悼会，表达对他的哀思。追悼会为这些想悼念他的人提供了一个神圣的场合和仪式。

当然，如果你实在没有精力安排追悼活动，或者你的亲人在去世之前就表示过希望悼念只在家庭内部进行，或者由于什么其他的原因追悼会无法召开，那你也不必觉得追悼活动是不可或缺的。

丧宴

丧宴在什么时候举行，是在下葬后，宗教仪式之后，还是追悼会之后，完全看你的决定。有些家庭会在餐馆里举行丧宴。这样虽然花费较大，但是显而易见的好处是，你可以自由决定丧宴的时间有多长，而且有服务人员料理一切。如果你十分疲惫，那你甚至可以先离席，由餐馆的服务人员负责继续招待客人。

很多家庭只在内部举行小规模的丧宴。如果逝者生前是在家休养，那我们建议你不要考虑在逝者生前的住所举行丧宴。在这种心力交瘁的时候，你很可能完全没有精力打扫房间。

如果你逝去的亲人在生前没有明确表示过希望丧宴如何举

办，那么你可以尽量想一想他会希望你怎么做。

乔安娜的父母在少年时期经历过20世纪30年代的经济大萧条，因此他们一生节俭，几乎从来不在餐馆吃饭。乔安娜和她的兄弟姐妹们想到，如果他们花很多钱在餐馆举办大规模的丧宴，那他们的父母地下有知，一定会大为惊骇，觉得这是极端的浪费。因此，他们的父亲去世后的丧宴是在家里进行的；母亲去世后的丧宴是由母亲的教友帮忙筹备，在一个教友的家中举行的。这样的丧宴尊重和体现了他们父母生前的价值观，也提供了一个更亲切的环境让亲友们交谈、分享关于逝者的种种故事。

附录1：生前预嘱样本1

以下是美国人常用的生前预嘱中关于临终护理要求的叙述样本：

在任何时候，如果我的医生认为我已进入弥留状态，急救措施只能人为地延续弥留时间，那么我要求不要采取这样的急救措施，我要求在只用药物治疗的情况下自然死亡，或者只采取能减轻临终痛苦的医疗措施。

注：在此，设立生前预嘱的人大致说明自己对日后医疗措施的最主要要求。这里的一段话只是一个例子。虽然很多人在生前预嘱中特别指明自己不接受急救措施，但也有人希望接受任何急救措施以达到延长生命的目的。因此，读者在考虑自己的生前预嘱时，不必拘泥于这个例子或其他的某个具体例子，而是主要从自身的需要和愿望出发。

其他要求：

如果我的医生认为我的生命已经不可能被挽救，我已经没有希望恢复到健康状态，并且我的疾病只会使我在死亡之前受到长时间的病痛折磨，那么我特别地提出以下要求（在所有你希望实施的要求前面签上你的姓名)。

_____ 我要求接受减轻痛苦的医疗措施,即使这样的措施会影响我的神智并缩短我的生命。

_____ 如果我的心脏停止跳动,我不愿意接受通过胸部按压、药物、电击或其他方法进行心脏起搏。

_____ 如果我停止了呼吸,我不愿意接受气管切开和呼吸机抢救。

_____ 如果肾透析只能暂时延长我的临终弥留状态,我不愿意接受肾透析抢救。

_____ 如果输血只能暂时延长我的临终弥留状态,我不愿意接受输血抢救。

_____ 我不愿意接受身体侵入型或创伤性的医疗措施或外科手术,如果这些措施只能暂时延长我的临终弥留状态,或者这些措施不能显著提高我的健康状况和生命质量,或者这些措施造成的痛苦、病症和风险超过它们可能带来的好处,那么我不愿意接受这些医疗措施。

_____ 我的医生可以暂停或完全停止一些仅能延长我的死亡过程却不能根治我的疾病和痛苦的药物或医疗措施。这些药物或医疗措施包括,但不仅限于:

_____

_____ 如果我不能自行饮水,我不愿意接受静脉输液。

_____ 如果我不能自行进食或吞咽,我不愿意接受通过口腔、鼻腔或任何外科手术进行的插管喂食。

_____ 如果我有发烧或感染，我不愿意接受仅仅以延长生命为目的的抗生素或其他药物治疗，除非这些药物可以减轻我的痛苦，使我更舒适。

_____ 在可能的情况下，我希望临死前在家里接受临终护理服务，或者住在提供临终护理服务的非医疗场所。

_____ 如果我临死前住在养老院、医院或其他不是自己家里的地方，我希望在临死前享受临终护理的医疗服务而不是以治疗疾病为中心的医疗服务。

_____ 除非是为了减轻痛苦，我不希望临死前住院。

_____ 除非是为了减轻痛苦，我不希望临死前住在养老院或其他医疗护理机构，除非该机构提供临终护理服务。

_____ 在可能的情况下，我希望捐献自己的器官或组织。

_____ 我愿意捐献任何对别人有帮助的器官和组织。

_____ 我仅愿意捐献以下器官或组织：

_____

_____ 我不愿意捐献以下器官或组织：

_____

_____ 在不需我的家人付费的情况下，经由相关组织书面申请并由我的执行人书面授权，我愿意把我的遗体或部分遗体捐献给科研或医疗机构用于科学研究。

_____ 我不愿意捐出遗体的任何一部分作为科研之用，

除非我的执行人收到书面的强烈要求并给予书面授权。

　　_____ 我不愿意接受遗体验尸解剖，除非是在法律要求的情况下。

　　以下是当事人和两名见证人的签名。见证人不可以由当事人的执行人或候补执行人充当。

　　签名：_____　　日期：_____

　　印刷体姓名：_____

　　见证人签名：_____

　　见证人印刷体姓名：_____

附录2：生前预嘱样本2

以下的文本出现在乔安娜本人的生前预嘱中。乔安娜曾经护理过一些亲人和朋友。他们在去世前不是植物状态，就是由于心血管疾病、肺病、癌症或其他重病而生活不能自理的状态。这使乔安娜意识到，她要在自己的生前预嘱中对关于自己临死前接受的医疗护理做出非常明确和详细的指示，不只要考虑到植物状态的情况，还要考虑到许多其他疾病的情况。

请在所有你希望实施的要求前面签上你的姓名。

_____ 对我来说，与我的亲人和朋友进行语言交流，以及至少做到一定程度上的生活自理，都是非常重要的。如果我没有知觉，无法行动自由，也无法保持清醒的意识，那么我就不愿意被动地维持生命，不愿意接受鼻饲或静脉输液。除非鼻饲和静脉输液的目的是把我从急病中抢救过来，并且我有康复的希望，只有在这样的情况下我才愿意接受鼻饲和静脉输液。

_____ 我不认为应该不惜一切代价地维持生命。我明白我们所有的人都终将死亡，而我希望能有尊严地死去，希望能在去世的时候经历尽量少的痛苦。我要求我的执行人根据这个原则替我做出医疗方面的抉择。

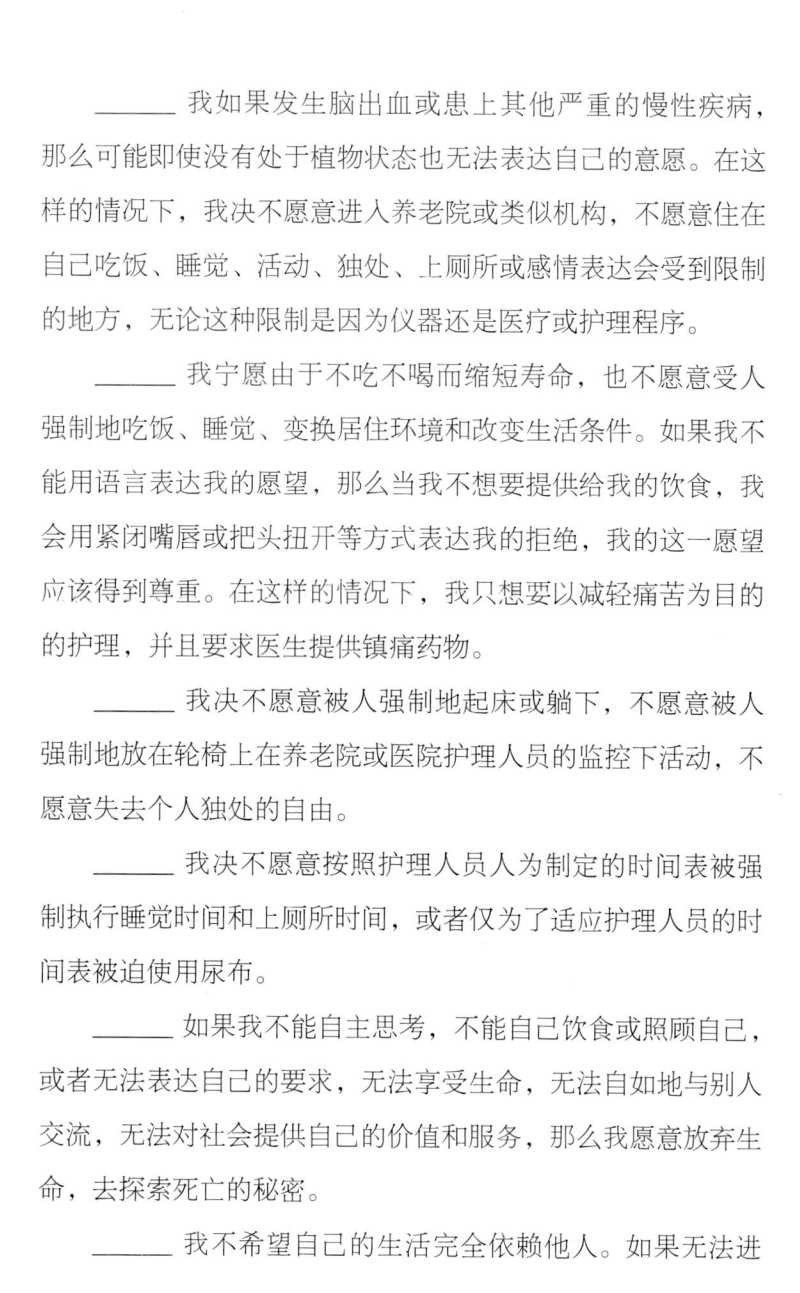

_____ 我如果发生脑出血或患上其他严重的慢性疾病，那么可能即使没有处于植物状态也无法表达自己的意愿。在这样的情况下，我决不愿意进入养老院或类似机构，不愿意住在自己吃饭、睡觉、活动、独处、上厕所或感情表达会受到限制的地方，无论这种限制是因为仪器还是医疗或护理程序。

　　_____ 我宁愿由于不吃不喝而缩短寿命，也不愿意受人强制地吃饭、睡觉、变换居住环境和改变生活条件。如果我不能用语言表达我的愿望，那么当我不想要提供给我的饮食，我会用紧闭嘴唇或把头扭开等方式表达我的拒绝，我的这一愿望应该得到尊重。在这样的情况下，我只想要以减轻痛苦为目的的护理，并且要求医生提供镇痛药物。

　　_____ 我决不愿意被人强制地起床或躺下，不愿意被人强制地放在轮椅上在养老院或医院护理人员的监控下活动，不愿意失去个人独处的自由。

　　_____ 我决不愿意按照护理人员人为制定的时间表被强制执行睡觉时间和上厕所时间，或者仅为了适应护理人员的时间表被迫使用尿布。

　　_____ 如果我不能自主思考，不能自己饮食或照顾自己，或者无法表达自己的要求，无法享受生命，无法自如地与别人交流，无法对社会提供自己的价值和服务，那么我愿意放弃生命，去探索死亡的秘密。

　　_____ 我不希望自己的生活完全依赖他人。如果无法进行任何思维活动，无法与别人进行有活力、有意义的交流，那么生命对我就是没有意义的。如果我无法通过书写、说话、点头摇头、眨眼、指物、使用电脑辅助或其他任何方式表达自己的愿望，那么我希望接受临终护理，希望通过药物来减轻痛苦，即使这些药物会使死亡更快地到来。

注：在美国，设立生前预嘱的当事人通常需要找两个见证人来使生前预嘱产生法律效力。见证人不能由医疗决策代理人或候补代理人来担当。通常医疗决策代理人和候补代理人也须签署文件表示接受委托责任。

附录3：丧葬活动计划表

丧葬服务机构：_____

联系人：_____　　　　电话：_____

项目	花费
埋葬	_____
火化	_____
遗体美容服务	_____
花篮、花圈、挽联等	_____
车辆	_____
棺材的颜色：____ 样式：____	_____
骨灰罐的颜色：____ 样式：____	_____
遗体服装	_____
墓地	_____
墓碑	_____
其他	_____
总花费	_____

附录4：美国加利福尼亚州生前预嘱公益宣传手册

注：这部分内容由加利福尼亚慈心联盟（Coalition for Compassionate Care of California, CCCC）制作，美华慈心关怀联盟（Chinese American Coalition for Compassionate Care, CACCC）翻译，并且经由以上两个组织授权给本书使用。

加利福尼亚州（以下简称加州）是美国华人人口最多的州之一，因此，很多重要文件和标示牌都有中文版本。这份宣传手册有英语、西班牙语和中文三个版本。

这份文件的主旨是为重症病人服务，帮助他们和他们的家人了解生前预嘱。近年来，在世界各国，越来越多的医护专业人士和社会学家提倡在全民范围内推广生前预嘱。因此，这份文件的内容也可以用来向全民介绍生前预嘱的内容和作用。

面对重症：让他人知道您的意愿——"生前预嘱"指南

为什么"生前预嘱"这么重要？

要确定您的家人和医生知道，您在生命末期希望得到的医疗方式，这是非常重要的，但是一直以来都还没有一个可信可靠的方法。这就是为什么要制作"生前预嘱"的原因。

"生前预嘱"是一份表格，可以清楚地显示您在生命末期要接受何种医疗。这份粉红色的表格由医生和病人共同签署，可以帮助重症病人得到更多的医疗自主权。如果日后病人无法说话或表达他（她）的意愿时，这份表格就可以发挥效用。

"生前预嘱"也可以帮助您与您的医疗小组成员和家人，讨论您的医疗选择。通过这样的讨论，可以帮助病人和家属减少痛苦，因为它能让您的意愿被人了解并得以实现。

这本小册子将帮助您知道更多有关"生前预嘱"的资讯。

> "自从妈妈告诉了刘医生她的医疗意愿，并且完成了'生前预嘱'的表格后，我和两个姐姐都松了一口气。因为我们再也不必为了不知道她的想法而猜测或争论了。"
>
> ——加州沙加缅度 陈先生

关于"生前预嘱"

这里是有关"生前预嘱"常见的一些问题及答复。

* "生前预嘱"有什么用处？

  - "生前预嘱"让您的医生和其他医疗小组成员知道您的治疗意愿。

    接近生命末期的病人，往往可能得到他（她）们并不想要的治疗。这些治疗可能无法帮助他们活得更久或更好，有时甚至可能给他（她）们带来痛苦。"生前预嘱"让您可以告诉您的医生、护士和其他医疗小组成员，您想要的医疗方式。

  - "生前预嘱"让您的家人和护理者明白您的医疗意愿。

    对于病人的医疗意愿，家属有时会有他们自己不同的想法。"生前预嘱"能让您的家人和护理者确切地知道，您想要和不想要的医疗方式，不再有猜测或争议。

* 谁应该写"生前预嘱"？

    医生们认为，每一位重症病人都应该有一份"生前预嘱"表格，但是否填写，则完全由您决定。

* "生前预嘱"和"医疗委托书"不同吗？

    是的，不同。"医疗委托书"是让您选择一位医疗决策代理人替您发言，并提供您想要的一般性指示。"生前预嘱"则是不同的。
- "生前预嘱"用于重症病人。
- "生前预嘱"针对特定的医疗项目明确说明您的意愿。
- "生前预嘱"是由医生签署的医嘱,所以您的医疗小组成员可以执行。
- "生前预嘱"随同病人放在家中、医院或疗养院。您去哪儿,它都随行。
- 重症病人最好同时有"生前预嘱"和"医疗委托书"两种表格。

* 谁可以帮助我填写"生前预嘱"表格?

您的医生、护士、社工或宗教师都可以帮助您填写"生前预嘱"表格。您一定要告诉您的医生,您想要或不想要的治疗。表格必须由您的医生、您本人或您指定的医疗决策代理人签名。

* 我该怎样处理我的"生前预嘱"表格?

一旦签署完成,"生前预嘱"表格将成为您医疗记录的一部分,一直和您在一起。
- 您如果住在家中,就将它放在床边或贴在冰箱上。
- 您如果住在医院、疗养院或养老院,就将它放在您的病历或档案里。
- 您如果在不同的地方居住,就将它随身带着。

* 如果我想改变"生前预嘱"的内容呢?

如果有需要，您和您的医生在任何时候都可以更改您的"生前预嘱"表格内容。

* "生前预嘱"中"治疗的选择"是什么意思？

"生前预嘱"表格列举了您可以选择要或不要的医疗项目。您的医生可以帮助您决定，哪些医疗项目将最能帮助您达到医疗照顾的目标。

- **心肺复苏**：心肺复苏（Cardiopulmonary Resuscitation, CPR），是当病人呼吸或心脏停止跳动时，所采取的试图让呼吸或心跳再度恢复的急救措施，可能有效也可能无效。执行心肺复苏的人必须用力压迫您的胸部以试图让心脏再度跳动。他们可能会使用电击的方式（去除心脏的纤维颤动），也可能会在您的喉咙里插入一条管子，以帮助您呼吸（气管插管）。通过气管插管，呼吸机可以将氧气输进您的肺部。

  心肺复苏可以挽救心肺功能停止前健康状况良好的人，但是对于重症病人通常是没有帮助的。它可能会造成病人肋骨骨折并刺穿肺部，也有可能使病人即使心跳恢复，脑部也由于缺氧而丧失功能。高龄及重症病人即使心跳再度恢复，通常也会丧失身体的功能和心智。

- **不做心肺复苏**："不做心肺复苏"是一个医嘱，基于病人不要做的选择，或是它对病人没有帮助。选择"不做心肺复苏"，又称为"允许自然死亡"。

- **缓和医疗**：缓和医疗是一定会提供的。它的作用是让您感到舒适并减轻疼痛。缓和医疗的目标不是延长您的生命。
- **抗生素**：抗生素可以对抗像肺炎这类的感染，并减少感染造成的各种症状和疼痛，但它们无法解除或减轻其他身体状况造成的痛苦。
- **静脉输液**：将液体由一条静脉输液管输送到您的体内。静脉输液通常用于短期的疾病治疗。
- **人工营养 / 鼻胃管灌食**：人工营养是通过置管方式，经消化道或静脉途径，为病人实施的营养支持。鼻胃管灌食可以帮助暂时无法吞咽但病情预估会好转的病人。然而，生命末期的病人不用鼻胃管灌食可能反而会比较舒服，他们更想要由口进食。

　　当一个人接近生命末期时，他们对食物和液体的需要将会减少。这段时间，他们的身体无法像健康人一样享用食物和液体。这时，以鼻胃管灌食可能只会引起腹胀和其他不适。

您在做任何决定之前，最重要的是，先要充分了解这些选择项目的意义，并和您的医生讨论，然后就可以选择您想要和不想要的治疗项目了。

"当病人填写了'生前预嘱'表格后,我们就可以清楚地知道他们想要和不想要的治疗项目。它可以澄清任何的疑惑,令病人心安。"

——加州圣克拉拉 赖医生(Steve Lai, MD)

更多相关资讯,请上网查询:www.caPOLST.org

加利福尼亚州生前预嘱组织(POLST California: Physicians Orders for Life-Sustaining Treatment-California)

相关中文资讯及服务:美华慈心关怀联盟(CACCC)

邮箱:info@caccc-usa.org

电话:(866)661-5687

网址:www.caccc-usa.org

附注:在加州医疗基金会(California Healthcare Foundation)的支持下,加州慈心联盟(CCCC)对加州地区有关"生前预嘱"的推广活动进行领导及监督。

附录5：北京生前预嘱推广协会《我的五个愿望》

什么是《我的五个愿望》

《我的五个愿望》是一份容易填写的表格式文件，当您因为伤病或年老无法对自己的医疗问题做决定的时候，它能帮您明确表达一些重要的医疗意见。譬如在什么情况下要或不要什么医疗服务，使用或不使用生命支持治疗等。

我为什么填写《我的五个愿望》

填写《我的五个愿望》，是对生命尽头的重要事项预先做出安排，能使您在最后时刻保持更多尊严。虽然按照中国现行法律这些愿望并不能被保证百分之百执行，但您明确说出这些愿望是您的神圣权利，会有更多人由于您曾明确地表达过这些愿望而有效地帮助您。

《我的五个愿望》如何帮助我和我的家人

由于问题都经过事先讨论，所以即使当您因伤病严重到不能为自己的医疗问题做决定时，您的家人也能通过这份文件明确知道您要或不要什么。这使他们在困难的时候能为您做出符合您本人愿望的正确选择。

《我的五个愿望》的由来

在美国，一份由非营利组织 Aging With Dignity 提供的名为"五个愿望"的文件正在帮助数以百万计的人。它由美国律师协会法律与老人问题委员会（American Bar Association's Commission On Law and Aging）和临终照顾专家共同协商编写。《我的五个愿望》是北京生前预嘱推广协会在这个文件基础上，根据中国法律环境和使用者的特点做出修改后形成的。

填写之前请明确：

一、务请仔细阅读。如对其中陈述或术语不甚清楚，请弄清楚后再填。

二、您在这份表格中表达的愿望只有在以下两种情况同时发生时才会被引用。

    1. 您的主治医生判断您无法再为自己做医疗决定。

    2. 另一位医学专家也认为这是事实。

三、无论您如何选择都是"对"的。没人能在伦理道德上批评您。

四、如您改变主意，文件中所有已填写的内容可随时修改和撤销。

五、填写和使用这份文件是您本人的意愿。

六、填写和履行这份文件与"安乐死"无关。

七、填写和履行这份文件不违反任何中华人民共和国现行法律。

八、填写和使用这份文件免费。

第一个愿望：我要或不要什么医疗服务

我知道我的生命宝贵，所以希望在任何时候都能保持尊严。

当我不能为自己的医疗问题做决定时，我希望以下这些愿望得到尊重和实行。（请勾选，可复选。）

☐ 1. 我不要疼痛。希望医生按照世界卫生组织的有关指引给我足够的药物解除或减轻我的疼痛。即使这会影响我的神志让我处在蒙眬或睡眠状态。

☐ 2. 我不要任何形式的痛苦，如呕吐、痉挛、抽搐、谵妄、恐惧或者有幻觉，等等，希望医生和护士尽力帮助我保持舒适。

☐ 3. 我不要任何增加痛苦的治疗和检查（如放疗、化疗、手术探查等），即使医生和护士认为这可能对明确诊断和改善症状有好处。

☐ 4. 我希望在被治疗和护理时个人隐私得到充分保护。

☐ 5. 我希望所有时间里身体保持洁净无气味。

☐ 6. 我希望定期给我剪指甲、理发、剃须和刷牙。

☐ 7. 我希望我的床保持干爽洁净，如果它被污染了请尽可能快速更换。

☐ 8. 我希望给我的食物和饮水总是干净和温暖的。

☐ 9. 我希望在有人需要和法律允许的情况下捐赠我的有用器官和组织。

（如以上内容不能表达您愿望的全部，请在以下空白中用文字补充或进一步说明。如果没有，可空着不填。）

_____ _____

_____ _____

第二个愿望：我希望使用或不使用生命支持治疗

我知道生命支持治疗有时是维持我存活的唯一手段，但当我的存活毫无质量，生命支持治疗的作用只是推迟我死亡的时间时，我要谨慎考虑我是否使用它。

注意！当我要求不使用生命支持治疗时它只包括以下内容。（请勾选，可复选。）

☐ 1. 放弃心肺复苏。

☐ 2. 放弃使用呼吸机。

☐ 3. 放弃使用鼻胃管。

☐ 4. 放弃输血。

☐ 5. 放弃使用昂贵的抗生素。

以下是在三种具体情况下我对要或不要生命支持治疗（我

已经在上面规范了它的范围）的选择。

一、生命末期

如果我的医生和另一位医疗专家都判定我已经进入生命末期（生命末期是指因病或因伤造成的，按合理的医学判断不管使用何种医疗措施，死亡来临时间不会超过六个月的情况），而生命支持治疗的作用只是推迟我死亡的时间。（请勾选，不可复选。）

☐ 1. 我要生命支持治疗。

☐ 2. 我不要生命支持治疗，如果它已经开始，我要求停止它。

☐ 3. 如果医生相信生命支持治疗能缓解我的痛苦，我要它，但要求我的医生在认为它对我已经没有缓解痛苦的作用时停用它。

二、不可逆转的昏迷状态

如果我的医生和另一位医疗专家都判定我已经昏迷且按合理的医学判断没有改善或恢复的可能，而生命支持治疗的作用只是推迟我死亡的时间。（请勾选，不可复选。）

☐ 1. 我要生命支持治疗。

☐ 2. 我不要生命支持治疗，如果它已经开始，我要求停止它。

☐ 3. 如果医生相信生命支持治疗能缓解我的痛苦，我要它，但要求我的医生在认为它对我已经没有缓解痛苦的作用时停用它。

三、持续植物状态

如果我的医生和另一位医疗专家都判定我由于永久严重的脑损伤而处于持续植物状态，且按合理的医学判断没有改善或恢复的可能，而生命支持治疗的作用只是推迟我死亡的时间。（请勾选，不可复选。）

☐ 1. 我要生命支持治疗。

☐ 2. 我不要生命支持治疗，如果它已经开始，我要求停止它。

☐ 3. 如果医生相信生命支持治疗能缓解我的痛苦，我要它，但要求我的医生在认为它对我已经没有缓解痛苦的作用时停用它。

（如以上内容不能表达您愿望的全部，请在以下空白中用文字补充或进一步说明。如果没有，可空着不填。）

_____

_____

第三个愿望：我希望别人怎么对待我

我理解我的家人、医生、朋友和其他相关人士可能由于某些原因不能完全实现我写在这里的愿望，但我希望他们至少知道这些有关精神和情感的愿望对我来说也很重要。（请勾选，可复选。）

☐ 1. 我希望当我在患病或年老的情况下对我周围的人表示恶意、伤害或做出任何不雅行为的时候被他们原谅。

☐ 2. 我希望尽可能有人陪伴，尽管我可能看不见、听不见，也不能感受到任何接触。

☐ 3. 我希望有我喜欢的图画或照片挂在病房接近我床的地方。

☐ 4. 我希望尽可能多地接受志愿者服务。

☐ 5. 我希望任何时候都不被志愿者打扰。

☐ 6. 我希望尽可能在家里去世。

☐ 7. 我希望临终时有我喜欢的音乐陪伴。

☐ 8. 我希望临终时有人和我在一起。

☐ 9. 我希望临终时有我指定的宗教仪式。

☐ 10. 我希望在任何时候都不要为我举行任何宗教仪式。

（如以上内容不能表达您愿望的全部，请在以下空白中用文字补充或进一步说明。如果没有，可空着不填。）

_____

_____

第四个愿望：我想让我的家人和朋友知道什么

请家人和朋友平静对待我的死亡，这是每个人都必须经历的生命过程和自然规律。你们这样做可使我的最后日子变得有意义。（请勾选，可复选。）

□ 1. 我希望我的家人和朋友知道我对他们的关切至死不渝。

□ 2. 我希望我的家人和朋友在我死后能尽快恢复正常生活。

□ 3. 我希望丧事从简。

□ 4. 我希望不开追悼会。

□ 5. 我希望我的追悼会只通知家人和好友（可在下面写出他们的名字）。

（如以上内容不能表达您愿望的全部，请在以下空白中用文字补充或进一步说明。如果没有，可空着不填。）

_____

_____

第五个愿望：我希望谁帮助我

我理解我在这份文件中表达的愿望暂时没有现行法律保护它们的必然实现，但我还是希望更多人在理解和尊重的前提下帮我实现它们。我以我生命的名义感谢所有帮助我的人。

我还要在下面选出至少一个在我不能为自己做决定的时候帮助我的人。之所以这样做，是我要在他或他们的见证下签署这份《我的五个愿望》，以证明我的郑重和真诚。

建议选择至少一位非常了解和关心您，能做出比较困难决定的成年亲属做能帮助您的人。关系良好的配偶或直系亲属通常是合适人选,因为他们最合适站在您的立场上表达意见并能获得医务人员的认可和配合。如果能同时选出两个这样的人当然更好。

他们应该离您不太远,这样当您需要他们的时候他们能在场。

无论您选择谁做能帮助您的人,请确认您和他们充分谈论了您的愿望,而他们尊重并同意履行它们。

我在由我选定的能帮助我的人的见证下签署这份文件。

我申明,在这份表格中表达的愿望在以下两种情况同时发生时才能被由我选定的能帮助我的人引用。

1. 我的主治医生判断我无法再做医疗决定。

2. 另一位医学专家也认为这是事实。

如果本文件中某些愿望确实无法实现,我希望其他愿望仍然能被不受影响地执行。

被我选定的能帮助我并作见证的两个人是:

见证人 1

 姓名＿＿＿＿＿＿＿＿　　与我的关系＿＿＿＿＿＿

 电话＿＿＿＿＿＿＿＿　　地址＿＿＿＿＿＿＿＿＿

见证人 2

 姓名＿＿＿＿＿＿＿＿　　与我的关系＿＿＿＿＿＿

电话＿＿＿＿＿＿＿＿　地址＿＿＿＿＿＿＿＿＿＿

签署人确认：＿＿＿＿＿＿　日期：＿＿＿＿＿＿

被选定的见证人声明：

见证人 1

本人兹声明该签署生前预嘱之人（以下称签署人）与本人充分讨论过这份文件中的所有内容，并于本人在场时签署并同意这份《我的五个愿望》。签署人神志清楚，未受到胁迫、欺骗或其他不当影响，特此证明。

见证人签名：＿＿＿＿＿　日期：＿＿＿＿＿＿

见证人 2

本人兹声明该签署生前预嘱之人（以下称签署人）与本人充分讨论过这份文件中的所有内容，并于本人在场时签署并同意这份《我的五个愿望》。签署人神志清楚，未受到胁迫、欺骗或其他不当影响，特此证明。

见证人签名：＿＿＿＿＿　日期：＿＿＿＿＿＿

使用须知：

一、这份经过您慎重考虑、和家人朋友充分讨论后达成共识，并经您和您选定的见证人签署后的《我的五个愿望》文件，作为您个性化的生前预嘱正本原件，请您和家人妥善保存。

二、请您或帮助您的人登录"选择与尊严"网站，将此文件内容上传至网站注册中心数据库，保存您的生前预嘱电子文本，请牢记并保存好您的用户密码，您和经您允许的人可通过密码查阅。

三、如果您以后改变主意，可以随时上网站修改您的生前预嘱文件。不过您要记得每次修改完后，您要重新下载打印，您和被您选定的见证人要重新签署文件形成新的生前预嘱正本原件，并请及时销毁您原先签署的旧文件。

四、无论怎样修改，请务必保证最新的正本原件与"选择与尊严"网站数据库中的电子文本表述一致，并且是您真实意图的表达。请使用手工签署正本、网上注册、密码查询的多重方式来保护您的权益完整统一。

五、如果您住进医院、养老院或退休者社区，将您已经签署《我的五个愿望》之事，尽可能详细地告诉您家人、医生、朋友和其他相关人士，必要时将原件的复印件给他们看，或请他们上网查阅电子文本，并建议医生把正本原件的复印件保存在您的医疗档案中。

六、您自行承担因使用不当、原件丢失、没有更新备份引起的后果。再次提醒您：请保存好这份签署好的生前预嘱正本原件和登录网站的用户密码信息。

签署人签名：　　　　身份证号码：

　　　　　　　　　　电话：　　　　　邮箱：

签署日期：　　　　　地址：

附注：这份文件可供阅读和传播。如您希望使用，建议您登录北京生前预嘱推广协会网站（www.lwpa.org.cn），按照指引进行线上注册。

第八章 临终关怀、善终服务、安宁疗护和缓和医疗

* 什么是临终关怀、善终服务和安宁疗护

* 从善终服务到缓和医疗

* 什么时候开始寻求善终服务

什么是临终关怀、善终服务和安宁疗护

衰老和死亡是人类生命的自然过程,是必然发生、不可避免的,但是与疾病和死亡相关联的痛苦不是完全不可避免的。临终关怀与其他医疗服务最大的区别就是,当病人已经进入临终状态时,临终关怀的重点不在于治疗疾病和避免死亡,而是着重于尽量避免疾病和死亡给病人带来的困扰,并给予病人精神上的慰藉。

简而言之,临终关怀的目的是为那些身患绝症,仅有几个月以下存活时间(一般定义为六个月)的人们提供舒适护理和心灵关怀,尽量减轻他们的痛苦。舒适护理的意思是,护理的核心目的已经从治愈疾病转变成为临终的人们在自然死亡之前提供一个舒适、充满关怀、有尊严和无痛苦的生活环境。舒适护理强调减轻痛苦,并把病人的精神幸福和自主意愿作为护理的首要任务。

对于什么是善终,国内外不同学者先后对善终的概念进行研究,但由于个人感知、信仰和社会文化背景的不同,善终并没有被普遍定义。[1]《现代汉语词典(第七版)》对善终的解释是指把事情的最后阶段工作做完做好,也指人因衰老而自然死亡,不是死于意外的灾祸。而在临床中,善终是指病人无痛苦、舒适安详而有尊严地走完人生的最后一段旅途,家属及其

相关的社会人士的心理得到慰藉。善终服务（Hospice）即当疾病无法治愈，死亡成为不可避免的最后阶段时，有一群多层次的专业与非专业人员组成的团队，为病人、家属及其相关的社会人士提供生理、心理等全面的优质服务照顾和心理辅导服务。[2]

而随着我国安宁疗护服务纳入国家医疗卫生体系，"安宁疗护"（Hospice Care）一词涵盖了临终关怀和善终服务等词的概念。根据2017年7月7日国家卫生与计划生育委员会（现国家卫生健康委员会，以下简称"国家卫健委"）"对十二届全国人大五次会议第8274号建议的答复"，我国将临终关怀、舒缓医疗、姑息治疗等统称为安宁疗护，是指为疾病终末期或老年患者在临终前提供身体、心理、精神等方面的照料和人文关怀等服务，控制痛苦和不适症状，提高生命质量，帮助患者舒适、安详、有尊严地离世。[3]

本书在叙述中未将"临终关怀"和"善终服务"统一为"安宁疗护"，是为了保证原作之意，即"临终关怀"主要侧重心理支持，"善终服务"更侧重于医疗健康服务。

现代临终关怀概念的发展

现代临终关怀的概念最早是由英国的西塞莉·桑德斯（Cicley Saunders）医生在20世纪60年代提出的。桑德斯医生在职业生涯早期是注册护士。通过护理一些绝症病人的经历，她深深体会到很多寿命已经非常有限的重症和绝症病人对医服务的需求不同于普通病人。这些绝症病人最需要的不是治疗性的药物,他们更需要精神上的关怀和慰藉,需要有人帮他们排解对死亡的担忧和恐惧,有些病人还需要一些缓解痛苦的医疗护理。后来,她专门在医学院进修并获得了医学学位。之后,她用毕生精力宣扬和推广临终关怀的理念,并在20世纪60年代游学美国,进行有关临终关怀的演讲。在桑德斯医生游学美国期间,当时的耶鲁大学护士学院院长弗洛伦斯·沃尔德(Florence Wald)与她一起工作并探讨临终关怀的实践,之后沃尔德创建了美国第一家临终关怀机构。

同样,在20世纪60年代,美国心理学家伊丽莎白·库伯勒-罗斯观察到,现代的医院对绝症病人的特殊护理有许多不足之处。她于1969年在美国出版了著名的《死亡与临终》一书。这本书详细阐述了死亡的过程及临终病人的特殊需要,并大力倡导对临终病人实行与普通医疗不同的善终护理服务。这本书出版后很快成了畅销书,激发了一代人对临终关怀的思考,为现代善终服务奠定了基础。

其实,临终关怀对于人类社会和文化是一件很自然的事。早在现代临终关怀理念创立之前,各种文化和宗教都渗透了很多临终关怀的理念。在中国传统文化的价值观念中,人生的最大幸福在于福、禄、寿、考,而其中的"考"就代表了善终,在《诗经》《尚书》《抱朴子》等古籍中都对其有所诠释。在西方,一些天主教组织和基督教组织早在11世纪就建立过临终关怀机构。在当代社会，由于现代医学在治疗疾病方面的进步和对死亡医学的疏忽形成了强大的对比，这才激发了新一代的临终关怀的运动。

利恩·H. 洛夫兰德（Lyn H.Lofland）在 1979 年出版的《死亡的艺术：现代生活中死亡的面目》（The Craft of Dying:the Modern Face of Death）一书中指出，现代人虽然生活水平和医疗条件都达到了空前的高度，但是面临死亡时的困难却可能比前人还多。这些困难体现在三个方面。

第一，现代人的死亡过程与前人相比显著延长了。这一现象与现代生活的一些特征紧密相关。发达的医疗技术帮助很多病人延长了寿命，同时也延长了他们死亡的过程。由于医疗的进步和普及，很多绝症病人能较早地发现他们的疾病，有的人因此而获救，而那些最终不能存活的病人则自疾病被发现之日起就意识到自己快要死了。因为他们对自己的绝症发现得早，所以他们死亡的过程也就比传统社会里同类病人要长得多。现代社会对死亡的定义更复杂了，也因此延长了一些人死亡的过程。比如一些植物状态的病人，由于大脑还没有死亡，他们可以在病床上度过很长的"死亡过程"。由于生活水平的提高，外伤等促使人迅速死亡的事故发生率比以前低了。与此同时，由于种种原因，如环境污染、工作压力等，现代人患上各种慢性病的概率却增加了，因此很多人是在疾病中慢慢死去的。除了这些客观原因，现代社会对保持生命状态的追求也超过了传统社会。很多医生和病人家属都认为应该尽一切努力、不惜一切代价推迟死亡的发生。对于一些走到生命尽头的绝症病人来说，种种急救措施并不能让他们回归健康，却让他们在死亡的门槛上翻来覆去地折腾了很长时间。确切地说，这并没有帮助他们获得生命，只是延长了他们死亡的过程。

第二，现代人死亡的过程往往被"制度化"了。在传统社会中，很多人死在自己家里，面对着自己熟悉的环境，在亲人的陪伴和安慰中死去；而在现代社会中，大部分人是死在医院里。在善终服务尚未被提倡的时候，大部分医院是以治病为使命的，并没有专门的人员和体系来照料和安慰临终病人。病人在医疗机构里必须遵守各种条条框框的规则，比如按时作息、饮食、服药，而且只能在规定的探视时间和家人在一起。在这种制度化的死亡过程中，临终病人的感情需要往往得不到满足，对死亡的孤独感和惶恐得不到慰藉。

第三，现代人在死亡过程中面临的一个巨大挑战是死亡的世俗化和信仰的缺失。在传统社会中，各类宗教信仰（如佛教、道教、基督教等）及传统哲学（如儒家思想）都对生命与死亡的关系做出了一定的解释，从而帮助人们较为从容地面对死亡。现代人信仰的缺失使得人们在面临死亡的时候更容易恐慌和不知所措。

针对现代人在死亡过程中面临的种种问题，洛夫兰德提出了"快乐死亡"的观念，强调人们应当尽量地了解死亡的过程，重视临终阶段生命的质量，并且帮助临终病人在死亡的过程中保持一个平和安乐的心态。洛夫兰德这一著述得到了社会的广泛响应，并且推动了临终关怀理念和善终服务的发展。

现代善终服务理念

现代善终服务特别强调以下几个方面的理念[4]。

* 接纳死亡。临终病人和家属通过了解死亡的过程而消除恐惧和抵触情绪，接纳死亡的现实。医疗工作者应当认识到死亡是必然会发生在每个人身上的客观现实，对于一些病人来说，死亡并不意味着医疗服务的失败。相反，医疗服务应当发展出专门帮助这类病人的一系列程序和措施。与此同时，全社会也可以通过"死亡教育"来帮助大众了解死亡，正视死亡。
* 尊重生命。临终病人的生命也应该得到尊重。即使病人没有痊愈的希望，这些照顾仍然能够帮助他减轻痛苦，提高生命的质量。
* 尊重临终病人的权利。病人应该有知道自己病情的权利和选择接受或不接受什么样的治疗与护理的权利。在当前社会，家属往往不愿意让绝症病人知道自己的病情。在某些时候，这样的举措是为了让病人保持一个平稳的心态。但是这样的处理办法并不适合所有的病人。对于很多病人来说，让他知道自己的病情，知道自己死期临近，是对病人

的尊重，也能帮助病人更加正视死亡，并做好面对死亡的心理准备。
* 重视生命的质量。善终服务的执行者相信生命的质量比生命的时间长度更重要，因此，不赞成用创伤性的或非寻常的方法来维持临终病人的生命，比如做大型手术或用呼吸机、鼻饲等方法仅能使临终病人的生命延长有限的时日，却不能使他们离开病床，不能进行大部分的生命活动。这些方法往往只是延长了病人死亡的过程，使他们承受了额外的痛苦。善终服务的目的是帮助临终病人在生命的最后阶段维持最佳的生命素质。

善终服务和临终关怀的好处

善终服务和临终关怀为我们的一些走到生命尽头的亲人和朋友提供了很大的慰藉，因此，我们非常支持善终服务和临终关怀所倡导的理念，也坚信它们能为人们带来好处。在当前社会里，很多人对善终服务和临终关怀还没有充分的理解，所以这里我们想详细讲一下善终服务和临终关怀的好处。

除了医疗服务和护理以外，根据不同家庭的需要，善终服务还包括了心理咨询、小组互助和精神援助。这种多方位的服务方式为病人及其家人提供了一个平和的环境，保证了他们的隐私，也加强了他们之间的联系和互助。临终护理与西方现代典型的医疗模式对待疾病的态度形成了鲜明的对比。在现代社会里，越来越多的药品和治疗手段被开发出来，开发它们的目的一律是延长病人的生命，却不管他生命的质量或他需要承受多少痛苦。

在典型的西方现代医疗模式里，死亡意味着医生或医疗系统的失败。在这样的观念下，病人往往得不到足够的止痛护理，因为业界普遍认为病人会形成对镇痛剂的依赖，并由于大量使用镇痛剂而加速死亡。大部分医生没有充分考虑每一种治疗手段可能为病人带来的好处和坏处，以及可替代的其他治疗方法。在这种医疗模式里，一个非常不幸的结果是，很多时候，治疗手段为高龄的病人带来了极大的痛苦，却仅仅使他们多活几天或几星期，并且不能帮助他们提高生命质量或减轻痛苦。

> 乔安娜曾经在一家护理机构做经理。有一个住在那儿的老人由于脊柱钙化常常背痛。她的医生告诉她，通过手术，可以去除她脊柱中沉积的硬块，这样她就可以减轻痛苦，并且更自由地活动。于是这个老人选择了做手术。从医生的角度看，手术全面成功，他们去除了病人脊柱中的钙沉积硬块，并且病人在手术后没有发生感染。但是，对病人来说，手术并没有减轻她的痛苦或使她更自由地活动。老人在手术后几个月就去世了。在手术后，她只能卧床，不能自由活动，承受的痛苦远远超

过她之前的背痛。在此期间,尽管她一再要求,也没有得到足够的镇痛剂。乔安娜看着这个老人遭受的折磨,一直在想:"一定有比这种医疗处理更好的办法来帮助临终的病人。"

善终服务事业的发展及内涵

在过去的几十年中,善终服务和临终关怀理念受到越来越多的病人、家属、医护工作者和研究者的关注。接受善终服务的病人逐年增长,善终服务已经被纳入美国常规性医疗服务轨道。美国布朗大学和波士顿迪科尼斯(Deaconess)医疗中心的研究者发现,在1999年到2006年的几年间,患有阿尔茨海默病的临终病人接受善终服务的比例从14.5%增加到了42.5%。[5]

1982年,美国政府正式把善终服务列入老年人福利医保项目。65岁以上的老年人,如果经2名以上的医生诊断为进入生命末期(其中1名医生必须是临终护理专家),即预计还有不足6个月的寿命,那么就可以选择放弃以治疗疾病为目的的医疗服务,接受临终护理服务,费用由老年人福利医保项目承担。临终护理服务还包括一些普通医保项目不承担的服务,如心理咨询、丧葬事项咨询和宗教服务等。虽然这些服务会有一些额外的花费,但是与普通医疗服务比,善终服务造成的医保开销负担和社会经济负担要小得多,因为善终服务不采用任何复杂的创伤性治疗手段,既节省了不必要的花费,也避免了让临终病人承受不必要的痛苦。

大量研究表明,在生命末期接受临终关怀的病人虽然往往比接受普通医疗服务的病人住院时间短,但是承受的痛苦却少得多。这主要是因为,普通医疗服务往往以治愈疾病为目的,而对于已经进入临终阶段的病人,治愈疾病对他们并没有实际意义,一般的治疗手段还可能给他们带来更大的痛苦。对临终阶段的病人来说,减轻痛苦才是最重要的,而这正是善终服务的重点。[6]

美国布朗大学一项针对养老院临终病人的研究表明,在养老院的临终病人中,接受善终服务的病人比接受普通医疗服务的病人得到了更好的缓解痛苦的护理。在这项研究中,研究者观察到,接受善终服务的病人得到缓解痛苦护理的机会比接受普通医疗服务的病人高出一倍,镇痛剂使用不当的现象在接受善终服务病人中的发生率远远低于接受普通医疗服务病人中的发生率。研究者指出,这些服务质量的差别主要是因为,没有受过善终服务训练的医护人员往往对缓解病人的痛苦缺乏必要的认识,没有把缓解痛苦作为治疗和护理的重点,在缓解痛苦的治疗上不如受过善终服务训练的医护人员有计划性和一致性,因此,有时候会造成镇痛剂使用前后不一致、剂量不协调、时机把握不准确等问题。另外,普通医疗服务中使用的创伤性治疗手段比较多，有时候给病人带来了不必要的痛苦，而善终服务不主张对临终病人使用创伤性治疗手段。[7]

善终服务的目的是帮助你的亲人获得最高的生活质量，无论他还能活多久。从事善终服务的社会工作者、护士、护士助理、护工和医生对死亡的过程，包括生理、心理和精神等各方面，有深刻的理解。常规的医生和护士通常缺乏这种多学科交叉的对死亡的理解。在美国部分州，即使医生有关于善终服务和临终关怀的知识，但因为通常医疗保险公司既不支付临终服务的费用，也不支付医生帮病人做临终关怀咨询的费用，因此，很多时候医生和病人也就忽略了这方面的讨论。在全世界很多地区，人们都逐渐认识到善终服务和临终关怀的重要性，并对此有越来越强烈的需求。在最近的几十年里，很多国家和地区增加了相关的法律条文，并对善终服务和临终关怀给予了政策上的扶持和经济保障。

从善终服务到缓和医疗

善终服务（Hospice Care）也就是安宁疗护，它和缓和医疗（Palliative Care）是两个紧密相关的概念。很多时候，这两个词被看作同义词，但有时候，它们之间又有些微妙的差别。缓和医疗发源于现代善终服务，与善终服务的理念几乎是完全相同的，但是缓和医疗不仅仅用于临终阶段的病人，还适用于其他阶段的病人。一些患有不治之症的病人，虽然幸存的希望很小，但是可能还有一年、两年甚至更长时间的生命。这些病人还没有到使用善终服务的时候，但是他们可能也每天受到病痛的折磨。对于他们来说，治愈疾病的可能几乎为零，但是他们需要特定的医疗护理来减轻痛苦，有时候还需要一些精神上的引导和安慰。对于这些病人来说，缓和医疗是比普通医疗更恰当的服务方式。

世界卫生组织对缓和医疗的定义为：缓和医疗是一种提供给患有危及生命疾病的病人和家庭的，旨在提高他们的生活质量及面对危机能力的系统方法。它通过对痛苦和疼痛的早期识别，以严谨的评估和有效管理，满足病人及家庭的所有（包括心理和精神）需求。缓和医疗的任务是迅速识别、缓解病痛，并帮助病人解决生理、心理和灵魂层面的各种难题，以此预防和舒缓疾病带来的苦难，帮助那些有致命疾病的病人提高生命素质。

缓和医疗遵从以下原则。

* 缓解病痛以及疾病给病人带来的精神压力。
* 肯定生命的意义，同时也认知死亡对每个人来说都是一个正常的阶段。
* 既不加快也不延迟死亡的到来。
* 在护理中融入对病人的心理安慰和心灵关怀。
* 尽全力帮助病人在去世前尽可能地发挥和享受生命活力。

* 尽全力协助病人家属正视病人的疾病和他们自己的悲痛之情。
* 通过跨领域的团队合作共同帮助病人和家属解决问题。
* 增进病人和家属的生活品质,并且尽可能对病人的健康状况产生积极影响。
* 有时候缓和医疗可以在疾病的早期与其他治疗手段相结合地进行。

与善终服务一样,缓和医疗的主要目的并不是阻止或延迟死亡的到来。缓和医疗致力于减轻重症病人的痛苦,提高他们的生命素质。由于缓和医疗在很多时候面向的是还没有到达临终期的病人,因此有时候会有效地促进病人的身心健康,甚至治愈一些被诊断为患有"不治之症"的病人,或使他们的存活时间远远超过医生的预期。

2010年发表于权威医学杂志——《新英格兰医学杂志》(*New England Journal of Medicine*)的一篇论文报道,在波士顿马萨诸塞州总医院进行的一个随机临床测试结果表明,在同等病况的肺癌晚期病人中,接受缓和医疗的病人平均存活时间比接受常规肿瘤治疗的病人平均存活时间长,同时,接受缓和医疗的病人的综合生命素质标准评估分数也高于接受常规肿瘤治疗的病人。与接受常规肿瘤治疗的病人相比,很多接受缓和医疗的病人在生命末期状态更为稳定,在临终的几天无须采取特护手段。这意味着缓和医疗减轻了病人的痛苦，提高了他们的生命素质，同时也减轻了医疗消费负担。[9]

在中国台湾地区，安宁疗护和缓和医疗的理念始于 20 世纪 80 年代。它的发起者和大力推行者赵可式博士被人们称为"台湾安宁疗护之母"。赵可式博士在早年的医疗工作中，目睹了很多疾病末期病人饱受疾病折磨，而他们所接受的一些治疗反而令他们更痛苦。她非常想帮助这些病人，但是自己所受的教育中从来没有提到过如何对待死亡，也没有提到过如何护理临终的病人，于是她留学美国和英国学习安宁缓和医疗法。回到台湾后，她和同事们共同努力建立起了台湾地区的安宁缓和医疗系统。2000 年，台湾地区发布实施《安宁缓和医疗条例》。台湾地区的一项调查发现，在 2002 年，癌症病人接受安宁疗护的比例是 13.4%，之后，台湾地区规定所有的"三甲"医院必须要成立"安宁缓和学科"以照顾有需要的临终病人，并且相关花费由"健保"（相当于中国大陆的医疗保险）支付。这一规定大力推动了台湾安宁疗护服务的规模。到 2006 年，台湾地区已有近 50% 的癌症晚期病人享受安宁疗护服务。目前，安宁疗护服务在台湾地区的医疗机构非常普及。在仅有 2000 多万人口的台湾地区，就有近 80 个机构提供安宁疗护服务。[10]

近年来，缓和医疗越来越多地受到中国医务工作者和研究者的关注。中国大陆与台湾地区的医疗工作者也就这一问题进行了广泛的交流与合作。"台湾安宁疗护之母"赵可式博士应复旦大学邀请在复旦大学肿瘤医院与大陆医疗工作者交流缓和医疗的心得。大陆一些医院也陆续派出学员赴台湾地区学习缓和医疗的经验。2013年，北京协和医院、绍兴人民医院等大型医院建立起缓和医疗服务系统。

同时，国家卫健委及相关部门积极推动，出台一系列政策文件，推动发展安宁疗护事业。2017年3月，国家卫健委首次就老年健康问题制定国家级专项规划，联合12部门印发《"十三五"健康老龄化规划》，明确提出推动安宁疗护服务的发展。支持有条件的养老机构按相关规定申请开办康复医院、护理院、中医医院、安宁疗护机构或医务室、护理站等，重点为失能、失智老人提供所需的医疗护理和生活照护服务。同年，国家卫健委印发《关于安宁疗护中心的基本标准和管理规范（试行）的通知》《关于印发安宁疗护实践指南（试行）的通知》，明确了安宁疗护中心的准入标准、服务管理和操作规范，促进机构规范化建设。修改《医疗机构管理条例实施细则》，在医疗机构类别中增加了"安宁疗护中心"，进一步加强安宁疗护机构管理。目前，国家卫健委老龄健康司领导下的安宁疗护试点工作也已经在全国多个城市展开。做好顶层设计，完善分级诊疗，在基层医疗机构普遍推广安宁疗护工作，满足广大患者的基本医疗需求已经成为业界共识。

在缓和医疗的教育方面，目前，北京协和医学院、北京大学医学部、中国医科大学、华西医科大学等十几所大学陆续开设了姑息医学或舒缓医学课程，基本上都是面向本科生或研究生的选修课。2019年9月，北京协和医学院研究生院开始对临床专科硕士开设舒缓医学的必修课。[11]

我国缓和医疗发展的客观现状，传递的是未来发展的主要共识，即中国安宁疗护的医疗事业还处于初级阶段，而国外的理论、做法并不全部适用于中国。因此，在中国的文化、经济背景情况下，如何向大众普及安宁疗护和缓和医疗的理念，需要相关组织和人员不断地尝试和调整。

什么时候开始寻求善终服务

善终服务和临终关怀的对象并不仅限于癌症或某些特定疾病的病人，而是包括了任何年龄的患有绝症并被医生诊断为寿命不超过6个月的病人。

由于善终服务和临终关怀的对象是身患绝症、无望治愈的病人，因此善终服务和临终关怀服务有可能使病人避免那些以治愈疾病为目的的手术、化疗、放疗和药物治疗等医疗手段。在善终服务中主要使用的是一些"维持性"药物（处理长期慢性病痛的药物），以及一些止痛、止吐、止晕，减轻便秘或拉稀症状，缓解抑郁和焦虑的药物。参加临终护理的医生和护士对善终服务和临终关怀有深刻而广泛的认识，因此，他们可以帮助临终者身心舒适地度过生命的最后阶段。

乔安娜已故的父亲就是临终护理的受益者。他因肺病和心脏病去世。他去世之前，即使安上了输氧管，呼吸仍极为困难。因为害怕躺下以后就呼吸困难，所以他整夜坐在沙发上，不肯上床。由于缺乏睡眠，他极度疲乏，而且易怒。这在重度肺病病人中是很常见的症状。

当他开始接受临终护理服务以后，护理人员为他做了详细的生理和心理评估，并且认为他的焦虑加重了他呼吸困难的症状。于是医生给他开了缓解焦虑的药物。从那以后，他的呼吸变得轻松多了，他也不害怕上床睡觉了。睡眠恢复后，他的脾气也恢复正常了，于是他能充分享受他生命最后的日子了。乔安娜记得，她的父亲曾慢慢地对她说："死亡如果就是这样，那么也不是那么可怕。"看到临终护理为父亲带来的巨大转变，乔安娜真希望当初她早点建议医生为父亲安排临终护理评估。

在美国，绝症病人可以通过自己的主治医生联系善终服务机构。由于现代医学往往以治病为目的，忽略病人生命最后阶段的生活质量，因此，也有的医生不认同和支持善终服务。在这种情况下，有些病人和家属会自己主动联系善终服务机构，与他们讨论病人的病情。当病人决定接受善终服务，护理人员会对他进行一系列全面评估，确定什么是最好的护理方案，帮助他尽量舒适地走完生命旅程。

善终服务人员往往包括了医生、护士、社会工作者和神职人员（如果有宗教服务需要的话）。他们会帮病人及其家庭制订一个实用的护理计划。通常善终服务还包括了每天 24 小时的电话咨询。在病人有需要的时候，值班护士可以随时到病人身边帮助他。这样的服务不仅帮病人及其家庭解决了实际问题，也给他们带来了极大的安全感。

参考资料：

1. 薛云珍，马婷，王偌敏，等. 积极老龄化背景下我国老年人善终现状及启示 [J]. 护理学杂志，2021, 36(14)：106–110.

2. 刘小红，邱林凤，曾铁英. 善终服务发展现状及认知状态的研究进展 [J]. 中华现代护理杂志，2015, 21(32)：3966–3968.

3. 国家卫生健康国家卫生健康委员会. 对十二届全国人大五次会议第 8274 号建议的答复 [EB/OL].（2018-01-03）[2022-09-05]. http://www.nhc.gov.cn/wjw/jiany/201801/a93e2760594a40939ba19852a10b61f3.shtml

4. 钟淑子，朱学福. 临终关怀在香港的发展及经验 [J]. 中国医学伦理学，1991(4)：55–59.

5. MEIER D E, ISAACS S L, HUGHES R G. Palliative Care: Transforming the Care of Serious Illness [M]. New Jersey: Wiley, 2010.

6. MILLER S C, MOR V, WU N, et al. Does receipt of hospice care in nursing homes improve the management of pain at the end of life? [J]. Journal of the American Geriatrics Society, 2002, 50(3):507–515.

7. IGLEHART J K. A new era of for-profit hospice care——the Medicare benefit.[J]. The New England journal of medicine, 2009, 360(26):2701-2703.
8. WORLD HEALTH ORGANIZATION. Palliative Care [EB/OL]. [2022-09-05]. https://www.who.int/news-room/fact-sheets/detail/palliative-care.
9. TEMEL J S, GREEK J A, MUZIKANSKY A, et al. Early palliative care for patients with metastatic non-small-cell lung cancer.[J]. The New England journal of medicine, 2010, 363(8):733-742.
10. 陈钒,张欢. 台湾地区姑息医学制度的建立及法律实践[J]. 医学与哲学（临床决策论坛版）, 2011, 32(1)：18 20.
11. 宁晓红. 中国缓和医疗的发展和思考[J]. 中国医学科学院学报, 2019, 41(5)：723-725.

第九章　关于死亡：鲜为人知的六件事

* 死亡的假警报现象

* 回光返照

* 动物的预感

* 与死去的人交流

* 见证死亡的灵魂体验

* 医疗原因造成的特殊情况的处理

即使疾病的发展可以划分出特定的阶段，死亡的过程也往往是不可预测的。人们对死亡的了解还十分有限。如果你想从医学方面对某些疾病的发展阶段有所了解，那么舍温·B.纽兰（Sherwin B. Nuland）的《我们怎样死》（*How We Die*）是一本不可多得的好书。另外，你还可以从本书附录列出的一些书籍中了解这些方面的知识。作为一个家庭成员和护理者，你可能不需要具备非常专业的医学知识，但是对相关疾病的基本知识及老年人和临终病人的一些生理情况有一些基本了解会对你非常有帮助。

乔安娜亲自护理过好几个临终的亲人和朋友。她深深地体会到，她护理过的每个临终的人死亡的方式和时间都不同，这就像每个活着的人生活方式都不同一样。每个人的死亡都是独特的，这里我们将重点描述乔安娜本人和我们的一些朋友们体验到的关于死亡的六个令人惊奇的方面。这六个方面的体验可能会在你的亲人死亡的时候发生，也可能不会发生，不可一概而论。但是事先了解这些方面，你就不会在遇到这些情况的时候非常惊骇，不知所措。

死亡的假警报现象

死亡假警报的情况通常发生在临终病人的病情突然急剧恶化的时候。这个时候病人仿佛突然到了死亡的边缘，好像马上就要去世了似的。接下来，他可能会忽然活了过来，恢复了活力，并且症状暂时稳定下来。一些养宠物的人们可能会注意到，这种情况有时候也会在动物身上发生。假警报的情况可能会一下子令人非常紧张，但是很多有亲身经历的护理者都感觉到，这些情况能帮我们学会直接面对死亡，并为死亡的真正到来做好现实和心理准备。

回光返照

第二种可能发生的情况是人们通常说的"回光返照"，即病人在去世之前的一两天忽然精力变得旺盛了，与平时的病弱之态相比反而显得容光焕发。这样的情况乔安娜亲自遇到过两次。在乔安娜的父亲身上，"回光返照"的表现非常明显。她父亲在去世前一直与肺病和心脏病做斗争。在他去世前的一天，乔安娜打电话通知了她的一个与他很亲密的表妹第二天来，跟他见可能是最后的一面。第二天，这个表妹来了之后，她们吃惊地发现，她父亲精力旺盛，行动灵敏。他讲了一个又一个故事，笑了又笑，跟乔安娜和她的表妹非常愉快地谈话。在他们大笑、聊天的时候，乔安娜想："啊，或许父亲还可以活很久呢！"第二天早上，她父亲几乎一下子失去了所有的生命活力，到了中午就去世了。后来，乔安娜在做关于临终和死亡的研究时，又看到了一些关于"回光返照"的例子，才意识到这样的事情并不罕见。

"回光返照"现象并不神秘。从医学角度讲,"回光返照"现象主要是临终病人的身体在面临死亡时做出的自然反应,大脑皮质使肾上腺分泌激素加速,而肾上腺皮质分泌的糖皮质激素可以增强身体的抗炎、抗毒素、抗休克、抗过敏等功能,这就是我们有时候会看到临终病人忽然症状减轻的原因。同时,肾上腺髓质分泌的激素可以使心脏功能暂时增强,血压暂时上升,因此,病人会显得比平时更兴奋一些。除了肾上腺分泌的激素发挥作用,人体能量物质三磷酸腺苷也会在人体遇到强烈刺激时做出反应。人在濒临死亡的时候,往往会有一个短暂的身体忽然充满能量的时期,表现为神志更清醒,身体力量忽然增强,食欲忽然增加,等等。对于比较健康的人来说,这种能量的增加可以起到对身体的保护和救急作用,但是对于已经濒临死亡的病人来说,这种能量增加的现象只能维系很短的时间。[1,2]

了解"回光返照"现象并在心理上有所准备,可以帮助护理者更好地了解和准备死亡的过程,帮助临终病人尽可能平静安详地度过临终期。一些临终关怀方向的医务工作者也积极通过对"回光返照"生理现象的研究来探讨临终关怀护理的种种策略。

动物的预感

在一篇养老院的护士写的文章里讲到,在她们的养老院,有一只猫对人的死亡有预感。养老院里的护士们总是能预先知道哪个老人要去世了,因为这只猫总是会流连在临终者的身边,直到他去世。

乔安娜对此也有亲身体会。当乔安娜的母亲从养老院的普通房间转到重症监护房间以后,她注意到重症监护部那边有两只灰色的猫,它们很少跟人打交道。通常它们只是自己走来走去,或者在楼道里玩。读过那篇关于养老院的猫的文章之后,乔安娜问一个护士,这两只猫是否能预知谁快要死了。护士说:"当然了!"在这里工作的护士都熟知这两只猫可以预感到病人的死亡。四个月后,乔安娜母亲的健康状况急剧下降。有一天,乔安娜一家接到养老院的电话通知,说她母亲的血氧饱和度只有百分之七十多,而且已经完全进入了昏迷状态。当乔安娜赶到养老院,走进母亲的房间时,她看到那两只猫就在房间里,坐在她母亲床下。这使她意识到,母亲大概快要去世了。虽然养老院里有的护士说,她母亲不像是很快就要去世,但乔安娜还是决定在这以后的两天都守在母亲身边。在这两天里,这两只猫绕着母亲的床走来走去,有时候跳上母亲的床,有时候坐在乔安娜的膝上。它们以前从来没有这样做过。这两天里两只猫几乎不离开乔安娜母亲的房间。两天后,乔安娜的母亲在凌晨四点去世了,乔安娜就在她的身边。在她母亲去世后的几分钟,两只灰猫走出了房间,好像在说:"工作完成了!"令乔安娜深感欣慰的是,母亲去世时,她就陪在母亲的身边。这也要感谢这两只猫给她带来了死亡预警。

动物对死亡的预感,不仅仅是普通人的猜测,科学家们对此也很感兴趣,并进行了积极的研究。虽然人们还不能给这种现象一个完全科学的解释,但是大量的事实经验和科学研究显示,动物对死亡的"第六感"的说法,并不是空穴来风。美国布朗大学医学院的助理教授大卫·M. 多萨(David M. Dosa)医生 2007 年在《新英格兰医学杂志》上发表了一篇名为《奥斯卡的一天》的文章。文中的奥斯卡是罗得岛州一家养老院的一只猫,它有准确预知病人死期的能力。当人们看到它总是在某个病人的房间和床榻徘徊的时候,就明白这个病人大概是快要去世了。根据奥斯卡的行为预警,养老院的工作人员会及时通知病人家属来养老院陪伴病人,使病人不至于孤独地死去。有些病人无亲无友,在他们去世的时候,奥斯卡依偎在他们身边,也给他们带来了一些安慰。这家养老院的墙上,挂着一块由当地临终关怀组织授予奥斯卡的奖牌,上面刻着:"这块奖牌授予猫咪奥斯卡,感谢它为临终病人带来充满爱心的善终服务。"[3]

多萨医生的文章引起了科学界广泛的讨论,并激发了更多关于动物预知死亡的研究。有的动物专家认为动物可以嗅出垂死病人身上的某种气味，因此可以准确识别即将去世的病人；有的专家认为一些猫科和犬科动物可以准确嗅出病人某些器官的衰竭，甚至准确识别某些疾病。当然也有些科学家不赞同这些说法。到现在为止，关于动物是否真的能预知病人的死亡，以及如果是真的其中相关的原理，还没有统一的说法。

与死去的人交流

第四个令很多人惊讶的发现是，一些人在他们去世前仿佛忽然跟一些早已去世的亲友谈起话来。

乔安娜的母亲去世前四个月的一天，当她坐在沙发上做字谜的时候，她随口跟乔安娜的姐姐说，她们的父亲（乔安娜的父亲几年前就去世了）刚离开她的房间，打高尔夫球去了。过了一个多小时，乔安娜见到母亲的时候，母亲跟她说了同样的话。乔安娜问母亲是否知道父亲在和谁打高尔夫球，母亲说他跟一个她不认识的人在一起。她说这个的时候神情非常随意，完全相信这是真的，仿佛乔安娜的父亲真的刚刚走出她的房间，虽然她其实也知道他已经去世了。

十多年前，在乔安娜的祖母去世之前，乔安娜跟她住在一起。有一天乔安娜听到她半夜里讲话。乔安娜走进祖母的房间，发现祖母正坐在床上（这之前她已经有很多天没坐起来过了），望着天花板，两手叠放在一起，正在跟她死去的丈夫说话。祖母很激动地说着、叫着他的名字。虽然乔安娜听不明白她都在说些什么事，但是看得出来她很激动。她看上去就像变了一个人，浑然不觉乔安娜就站在她旁边。她讲完了就马上躺下睡着了。第二天，当乔安娜问起昨晚发生的事，祖母完全不记得自己坐在床上跟自己死去的丈夫谈过话了。

见证死亡的灵魂体验

第五件令人惊讶的事是，当与临终的亲人在一起的时候，一个人往往可以感受到强烈的灵魂体验。

在乔安娜的祖母去世之前，乔安娜强烈地感觉到祖母所有的能量都在从她的四肢和躯干退出，慢慢退到她的额头部位。祖母看上去就好像在思索什么非常重要的事。之后，在祖母去世的时刻，乔安娜感觉到（而不是看到）祖母的灵魂从祖母的头部上方离开，还感觉到祖母的灵魂就停留在房间的天花板附近，在遗体的上方，仿佛正在看着自己的躯体，看着乔安娜和房间里的另外一个亲戚，仿佛在说："我简直不相信正在发生的事——简直不相信我离开了我自己的身体！"另外的那个亲戚也感觉到祖母的灵魂就在她们上方，所以她们两人就开始跟祖母的灵魂讲话，告诉她，是的，她已经离开了她自己的躯体，但是她可以在房间里停留，想停多久就停多久。她们继续坐在祖母的遗体旁边，对祖母的灵魂讲话和唱歌，直到某个时刻，她们感觉到,忽然一下,祖母的灵魂离开了,就像火箭发射一样,迅速地离开,到很远的地方去了。

乔安娜和她的兄弟姐妹们在她们父亲去世的时候有与此完全不同但同样震撼心灵的体验。乔安娜的父亲经常说他自己是"彻头彻尾的无神论者",可是,在他去世的时刻,他忽然有一种似乎是灵魂体验的经历。在他穿越生死门槛的时候,他的脸上呈现出一种快乐、震撼和崇敬的表情,仿佛他看到了什么非常美丽、非常震撼人心的事物。这令乔安娜非常惊讶,因为她父亲一向不相信灵魂的存在,认为人死了就什么都不存在了。

不同的宗教对死亡和死后的世界有非常不同的解释,而临终病人的宗教信仰可能也会影响到他的临终体验。如果你的亲人有特别的宗教信仰,你或许应该与他宗教组织里的神职人员讨论这个问题。

医疗原因造成的特殊情况的处理

另外一种令人惊骇的情况是医疗原因造成的。乔安娜的一个朋友在护理他临终的父亲时遇到了这种情况。

这个朋友的父亲因为长期心律不齐,安装心脏起搏器有很多年了。这个朋友问过他父亲的医生,心脏起搏器会对病人临终状态有什么影响。医生当时可能是不能,也可能是不想做出推断,并没有给这个朋友一个明确的解释,这个朋友也就没有追问下去。

这个朋友在他父亲去世几个月之后提起这样一件事。他父亲的心脏起搏器给他父亲、他母亲和他本人都带来了非常大的伤害。当时他父亲正处在死亡的边缘，就在他父亲刚刚停止呼吸，他和他母亲都以为他父亲已经去世的时候，他父亲身上安装的心脏起搏器忽然令他父亲的心脏重新起跳，他父亲又活了过来，挣扎着喘息了几下。过了一会儿，他父亲又进入了几乎死亡的状态，但是这个时候心脏起搏器又跳动起来，使他父亲又暂时活了过来，挣扎着喘息。这种可怕的情况连续发生了三次，心脏起搏器才最终停止了工作，发出尖锐的声响，然后彻底关闭。

朋友的父亲本来可以宁静安详地死去，可是却由于没有事先得到医生关于心脏起搏器的正确指导，造成了本来不应该发生的惊吓和伤害。如果你的亲人也安装了心脏起搏器，那我们建议你及时与医生或护理人员讨论可能的方案来避免心脏起搏器在临终时刻造成的困扰。

随着现代医学的进步，越来越多的心脏病病人通过心脏起搏器等置于体内的医疗装置恢复了活力，延长了寿命。但是使用心脏起搏器等装置的病人在临终期有可能会由于这些装置遇到一些意想不到的问题。近年来，越来越多的医学专家开始关注和研究这一问题。美国纽约市西奈山医学院的一项研究对400多家善终服务机构进行了访问调查。调查显示，在受访的善终服务机构中，97% 的机构内有安装了各类心脏起搏装置的临终病人，这说明心脏起搏装置在临终病人中是个普遍存在的现象，因此，这种装置对病人的影响值得关注和研究。这项调查还显示，在受访的善终服务机构中，58% 的机构在过去的一年里至少有一个病人在临终时刻心脏停搏后又被起搏；40% 的机构在过去的一年里发生过病人在临终时刻心脏被反复起搏的情况，这给病人及其家属造成了很大的痛苦和恐慌。研究者还发现，一些善终服务机构专门制定了关于心脏起搏器的规定，并训练工作人员根据病人病情判断在何种情况下关掉病人的心脏起搏器。研究者呼吁向医护人员和临终护理服务人员普及心脏起搏器的专业知识并制定相关政策，以减少由于心脏起搏器造成的病人的临终痛苦。[4]

另外，需要注意的是，如果你的亲人体内安装了心脏起搏器，那么在他的遗体火化之前，心脏起搏器必须被移出体外，否则可能会造成火化炉爆炸的危险情况。

在其他医疗和生理方面，临终病人也往往有一些特殊情况，需要特殊处理。乔安娜见证过一个医疗上的小小奇迹。很多人在临终前会进入一种特别焦虑的状态。乔安娜的一个亲戚本来是个很安静、平和的人，但在去世前，忽然进入了一种非常焦躁、失去理智的状态。虽然这个亲戚已经没有力气站立，也不知道自己想上哪儿去，但在一种惊恐和神志不清的状态下，她还是拼命爬下了床。虽然家人们一直都在她身边安抚她，告诉她我们不会离开，但她还是一直大叫："别离开我！"后来她感觉很热，想脱下身上所有的衣服，这跟她平时一直穿得很暖和的习惯完全不符。

在这个时候，临终护理工作人员的专业知识和经验起到了很大的作用。家人打电话叫来了护士。护士对这种临终前焦虑的状态很熟悉。不到二十分钟的工夫，护士就迅速衡量了当时的情况，通过电话咨询了负责的医生。医生根据情况做出了诊断，开了镇静药。病人在服药后很快恢复了平静。这种平静的状态一直持续到她去世。她的家人都很庆幸她在临终护理人员的帮助下能平静地度过生命的最后几天。

参考资料：

1. 程科.何为"回光返照"？[J].医药保健杂志，2007(11)：21.
2. 毛伯根，谢懿珍，施永兴，等.临终阶段"回光返照"现象66例分析[C].第十次全国行为医学学术会议论文集，2008：73.
3. MOSA D M. A Day in the Life of Oscar the Cat[J]. The New England Journal of Medicine, 2007, 357(4):328–329.
4. GOLDSTEIN N, CARLSON M, LIVOTE E, et al. Brief communication: Management of implantable cardioverter-defibrillators in hospice: A nationwide survey[J]. Annals of internal medicine, 2010, 152(5):296–299.

第十章　生命的最后时刻

* 是否让临终的人知道他即将死去
* 临终的人该吃什么
* 音乐和死亡过程
* 临床观察和控制病痛
* 身体的变化
* 充分的交流
* 死亡的时刻和仪式

是否让临终的人知道他即将死去

死亡的过程会让我们体会到生命是既顽强又脆弱的。死亡的过程并不是一个直线发展的过程。一个人在死亡的过程中，总会发生一些或好或坏的意外事件。很多护士和临终护理人员都有这样的经验，有时候他们以为一个人还可以活上几个星期、几个月甚至几年，可是这个人却出人意料地忽然死去了。有时候一个人看似快要死了，结果却出人意料地多活了好几个月。

没有人能未卜先知地告诉一个临终的人他还可以活2个月4天5个小时47分钟，任何人都不能准确预料死亡的时间，但是，很多人认为，一个濒死的人有权知道他已经走到生命的终点。乔安娜从她自己的经验中发现，诚实地告诉临终的人他所处的境况，可以使他精神上做好准备，这样他往往能心态平和地离世。但是，在现代社会中很多人，包括有些医生和护士的观念是，他们非常害怕在与疾病的斗争中病人死亡。在现代医学的观念中，"死亡"往往就意味着医疗手段的失败。对很多人，包括很多医务工作者来说，医疗的目的就是为了避免死亡的发生。因此，有时候当一个病人进入临终期的时候，他周围许多人都不愿意面对这个事实。在这个时候，医疗工作者的角色是非常重要的。如果医疗工作者自己都不愿意面对病人即将去世的现实,那么他们就更无法与病人诚实地讨论病情和死亡了。

> 我(乔安娜)的故事:
> 我的一个年事已高的朋友就遇到了这样的情况。她本来就身体虚弱,又突然在养老院摔倒了,伤势很重,生命垂危。我去医院探望她的时候,在楼道里与她的朋友和医疗决策代理人讨论了一下她的病情。大家都说情况非常糟糕,她已被检查出腹腔内出血,没有救治的希望了。我问医生和其他人是否已经告诉了病人她只能活几天甚至几小时了。病人的医疗决策代理人说:"医生通知过她了,不过是在她睡着的时候通知她的。"在医院里,如果病人垂危,医生就有义务通知病人本人或其家属,但是显然医生十分不愿当面告诉病人她快要死了的事实,因此特地选择了病人睡着的时候"通知"她。于是我问病人的医疗决策代理人,她是否愿意把这个消息再告诉病人。医疗决策代理人说她做不到,她的情绪太过悲伤,不知如何向病人传达这么坏的消息。
> 最后我意识到只能由我来向病人传达这个坏消息了。我走到病人的床边,坐下来慢慢等着,直到她睁开眼睛。然后我靠近她,亲切地跟她打了招呼,并握住她的手,说:"我很难过,但是我得告诉你一个坏消息。

你的检查报告出来了,你的腹腔有非常严重的内出血。医生已经没有办法了。你可能会在这一两天内就死去了。我会尽量多地留在这里。如果你希望去世的时候有我在身边,我就会一直跟你在一起。我觉得与你共度死亡的时刻对我来说是一件很荣幸的事。你如果想一个人安静地死去,我也会尊重你的愿望,让你有个人的空间。"

我亲爱的朋友注视了我很久,然后重重叹了口气,用她低沉且富有磁性的声音说:"那好吧。"我将我的脸和她的脸贴到一起,告诉她我有多么爱她,多么感谢她与我一起度过的时光,感谢我们曾经有过很多次心灵的对话。我坐在她身边直到夜里。她睡着以后,我回家休息了几小时。第二天早上,我接到医院的电话,说我的朋友在夜里去世了。我感觉到,让她事先知道自己即将死去的现实,为她带来了平静的心情。

苏珊的故事:

苏珊去探望她临终的朋友,遇到另一个也来探视的朋友,这个朋友对她说:"你说点什么安慰安慰他吧,他还是不能接受自己就要死了的现实。"和很多临终的病人一样,苏珊的这个朋友无法接受自己即将死亡的事实。在弥留之际,他的心中充满了矛盾和痛苦,既疲于忍受病痛的煎熬，又无法放弃对生命的留恋。这个快要去世的朋友一直在剧场工作，因此苏珊决定用他熟悉的语言环境来安慰他。苏珊走到他的病床边，用轻快的声音对他说："汤姆，你看，演出结束了，剧场的灯亮了，观众在鼓掌。他们都很喜欢这场演出！你已经成功谢幕了。现在你可以了无遗憾地离开舞台了。"这个朋友眨了眨眼睛，心有所悟。四十五分钟后他就安静地去世了。

当然，是否告诉临终的人他就要死去，也要看具体情况和病人的心态。护理者可以根据自己对临终者的了解，推想他是否愿意知道自己即将死去的现实，怎样会让他更平静地度过临终期，然后护理者根据情况决定是否告诉他。预先知道死亡的来临，可以使很多人做好心理准备，用平静的心态来迎接死亡。但是对另外一些人来说，死亡是令他们心烦意乱的话题，他们宁可不去想与死亡相关的事。

乔安娜的朋友玛丽的母亲年事已高。玛丽一直跟她母亲住在一起，有好几次，玛丽试图与她母亲讨论临终护理的问题，希望了解清楚母亲在临终状态会有哪些愿望，会希望得到什么样的护理。但是每次玛丽提起这个话题，她母亲都拒绝讨论，也不愿意触及任何与死亡有关的话题。一直到去世，她的母亲都不想提到死亡及所有相关话题。玛丽也渐渐意识到这是她母亲的意愿，因此，玛丽和玛丽的妹妹就替母亲决定了医疗护理的选择、葬礼安排等问题，不再去跟母亲讨论这些。

如果临终的亲人不愿意跟我们讨论他自己的死亡，那么最好的办法就是尊重他的意愿，不跟他讨论这些话题。最好也不要当着他的面与别人讨论类似的话题，即使他在睡觉或处于长期昏迷的状态，也不要在他旁边讨论这些话题。医学研究已经发现过很多这样的案例，一些从长期昏迷中醒过来的病人说，在他们昏迷期间，听到医护人员或家属在他们床边讲令他们非常难过或愤怒的话时，虽然他们当时无法动弹，但恨不得立刻反驳那些乱讲话的人。直到从昏迷中醒来，他们还会记得这些话，而且非常生气。

临终的人该吃什么

通常临终的人在生命的最后几星期或几天里越来越不想吃东西，甚至完全停止吃东西。可是，有些病人也会在生命最后阶段忽然恢复了强烈的食欲，有时候还会对某些特殊的食品非常渴望。

乔安娜的祖母在去世前的几个星期里很少吃东西，甚至有两天什么东西都没吃过。有一天，她忽然问身边的一个亲戚："临死的人该吃什么？"这个亲戚回答说："想吃什么就吃什么吧，老奶奶。"然后，她说她非常想吃一大盒香草冰激凌。于是，家人给她买了冰激凌，她就大口大口地吃了起来。这是乔安娜的祖母享用的最后一份食物，她吃得非常开心。

对于生命即将结束的病人来说，为了生存而吃东西已经没有什么意义了，因此，我们不应该用普通健康人的标准来要求他们，没有必要在他们不想吃东西的时候非要强迫他们吃，也没有必要在他们特别想吃某些东西的时候因为健康的理由拒绝他们。

乔安娜的一个朋友戴茜的母亲临终前住在养老院里，可是她不喜欢吃养老院里的任何东西，而且在那段时间里她的肠胃功能越来越不好。她认为是养老院的食物导致她出现肠胃不适的问题，于是越来越不想吃东西，并因此跟养老院的护工越来越多地发生冲突。很多养老院的护工觉得让老人吃东西是自己的工作责任，因此他们会在老人不想吃东西的时候也一直努力地喂老人吃东西。戴茜的母亲就是在护工喂食的时候，与护工的冲突越来越强烈。护工总是拼命要她吃东西，甚至在她说"不要"的时候，还是使劲地把装满食物的勺子往她嘴边推，觉得她不想吃东西是神志不清所致。而这样做戴茜的母亲就更加不高兴，情绪更差。由于戴茜的母亲在养老院生活得非常不愉快，精神状态越来越差，戴茜最后决定把母亲从养老院里接出来，送到了一家善终服务机构。在那儿，病人可以想吃什么就吃什么，想什么时候吃就什么时候吃。在这种环境里，病人往往会觉得更有人身自由和尊严。在新环境里，戴茜的母亲又开始很有胃口地吃东西了，可以吃得下大碗的牛肉汤和其他新鲜的食物。她生命的最后几个月过得很快乐，因为她又可以自由地选择自己吃什么、什么时候吃和在哪儿吃，还可以享受自己的私人空间。对很多临终病人来说，还能活多久已经不是最重要的问题了，生命最后阶段的生活质量才是更重要的。

音乐和死亡过程

音乐的强大力量可以激发人对过去的回忆。如果你临终的父母、配偶或朋友喜欢某种音乐或某个演奏家演奏的音乐，那么或许你在他临终的时候可以给他听这些他最喜欢的音乐。在美国，有一些乐队可以上门为临终的人演奏他喜爱的音乐，有的甚至是免费的。一些职业音乐家会专门拨出一些时间参加临终关怀志愿服务，为临终的人送去音乐的安慰，或为临终的人演奏特定的宗教音乐。一些大学生志愿者组织会专门为养老院的高龄老人或善终机构的临终病人演奏音乐，给他们送去精神上的安慰。

乔安娜的父亲非常喜欢听和谐的音乐，比如一些爵士乐。在父亲去世之前，乔安娜一家人一直在他房间里放他喜欢和熟悉的音乐，他也常常跟着音乐一起哼唱。音乐帮助乔安娜的父亲以一种松弛的心态平静地度过了生命最后的日子。

乔安娜一个朋友的母亲非常喜欢科尔·波特。在她生命的最后阶段，由于阿尔茨海默病，她已经不认得自己的儿子和女儿了，但是她还是可以跟着唱片哼唱那些她喜爱的歌曲，有时候连歌词都记得。乔安娜的朋友感慨："人的心灵可以在各种情况下与音乐发生共鸣。"这个朋友的母亲在音乐的伴随下度过了生命的最后几个月。

音乐是不分国界、无须文字的人类共通的表达方式。在中国文艺界，一个著名的小故事也描述了临终病人对音乐的需求。表演艺术家赵丹在弥留之际，对妻子黄宗英说："不要开追悼会，不要哀乐，要贝多芬、柴可夫斯基、德彪西……"[1]很多人想到临终和死亡，就自然而然地想到追悼会和哀乐，但是对于艺术家来说，这些仪式化的东西毫无美感，毫无享受可言。后来，陪伴赵丹离世的是他最喜欢的贝多芬第三交响曲《英雄》。

临床观察和控制病痛

临终护理与普通医疗程序最大的区别之一就是临终护理的目的不在于治病而在于尽量减轻病人的痛苦。临终期的病人有时候没有能力清晰地表达自己的感受和需要，因此，在临终护理的过程中，一旦病人进入一种不完全清醒亦不完全昏迷但又不能说话的中间状态，护理者就应该仔细观察他，通过一些迹象来判断他是否感到疼痛或因其他疾病感到痛苦。护理者可以根据自己对病人平时的面部表情、身体姿态和发音习惯的了解来留心发现任何异常迹象。比如，如果他平时从来不皱眉、磨牙、攥拳头或呻吟，而在某一天忽然有上述小动作出现，那么这些迹象很可能说明他正在承受病痛的折磨。如果有这种可能，那么护理者就应该赶快通知医生或护士采取措施。

有些病人即使可以说话，但当他们正在忍受很强烈的痛苦时，也不一定承认自己正在忍受疼痛。有的人对"痛苦"这个词缺乏直接的认知，不习惯用这个词表述自己的感受。还有的人把承认痛苦当作一种软弱的表现，所以不肯承认。因此，护理者的观察和解释就非常重要。

乔安娜在她母亲去世前四个月左右的时候，发现母亲常常呻吟。养老院的护士们也分不清她是因痛苦呻吟还是只是在用模糊的语言嘟囔，都认为她这只是阿尔茨海默病恶化、语言模糊的一种表现，而不认为她真的在经受痛苦。每次护士问乔安娜的母亲她是不是觉得哪里疼痛，她母亲总是说："不是。"因此，护士们就更坚信自己的判断，认为乔安娜的母亲只是在毫无意义地嘟囔。

后来，乔安娜试着用另一种方法来询问母亲。她先问母亲是不是觉得哪里疼痛，母亲说："不是。"接着她又问母亲是不是觉得不舒服，母亲说："是的，不舒服。"当她问母亲哪儿不舒服时，母亲就拍了拍自己的肚子，然后使劲捂住那里。这回人们才知道乔安娜的母亲其实一直腹部不适,于是开始给她做检查、吃药。

贴身护理病人的人可能最清楚怎样与病人交流,了解他是不是有什么疼痛或不适。当病人接近死亡、不能说话的时候,护理者还可以根据自己对病人以往生活和目前病况的了解来做出判断。

乔安娜的一个高中同学在 54 岁的时候罹患胰腺癌,濒临死亡。乔安娜和一些老同学联合起来轮流照料她。病人在进入弥留状态的时候,已经不能说话或通过动作表达自己的需要。乔安娜和同学们就通过面部表情(皱眉、面部扭曲等)来判断病人是否在经受痛苦,并及时通知护士调整止痛药的剂量。通过这种方法,这个临终病人的痛苦及时得到缓解,平静安详地度过了生命的最后阶段。

身体的变化

当一个人临近死亡的时候,他身边的人可能会渐渐发现一些他心理、生理或情感方面的根本变化。这些变化可能包括:不愿意与外界交流,甚至不愿意与亲友说话;睡眠习惯的改变;胃口变差或完全没有食欲;呼吸时发出咝咝的声响;有时候呼吸暂停然后继续;手、脚或身体其他部位表面皮肤颜色的变化;体温变得过高或过低。我们可以通过这些变化来预测病人临近死亡的程度和可能的护理需要。

每个人死亡的过程都是独特的，即使是面对同一种疾病，我们都无法准确地预测病人在死亡过程中会发生什么样的变化。如果你希望了解不同疾病在临终阶段的表现，如癌症、卒中、心脏病和艾滋病等，那么我们建议你阅读舍温·B.纽兰的《我们怎样死》，或者参考本书附录列出的各种书籍。

充分的交流

在面临亲人或好友离世的时候，该跟他说些什么，你可以根据平时对他的了解和当时的具体情况做出最好的判断。在某些情况下，你可能事先就很清楚自己要跟他说些什么，也可能你事先不知道该说什么，但坐在临终的亲人身边的时候，自然而然地就说出来了。无论是哪种情况，你都应该相信自己的感觉，在一切还来得及的时候，对临终的亲人说出所有想说的话，表达所有的感情。这种最后的交流，对临终期的病人来说，往往是极大的安慰。

乔安娜的父亲去世之前，乔安娜和自己的爱人卓奥跟父亲住在一起。在父亲快要去世的时候，乔安娜感觉他好像很不放心自己的母亲，担心以后没人照料她。乔安娜和卓奥站在父亲的床边，对他说："爸爸，你放心吧，我和卓奥会好好照顾妈妈的。我们会尽力满足她的一切需要。你已经好好照顾她64年了，现在你可以放心把这个责任交给我们。不要担心。我们会从现在开始就好好照顾妈妈的。"虽然那时候父亲已经不能说话，但听了这番话之后他露出了欣慰的表情。第二天早上他就平静地去世了。

后来，在乔安娜的母亲去世之前，有一天深夜，乔安娜坐在母亲身边，她不知道母亲是会就这样去世，还是会再活一两天或好几天。在深夜的黑暗中，乔安娜忽然非常想告诉母亲自己对以前生活的所有回忆，回忆母亲对自己从小到大的照顾，于是乔安娜就开始对母亲讲述这些回忆，一个接一个。乔安娜的母亲当时已进入昏迷状态，躺在床上一动不动。乔安娜在母亲身边有时候一边讲一边笑，有时候一边讲一边流眼泪。她讲了几个小时，把所有能想得起来的回忆都讲完了。过了一会儿，护工进来帮乔安娜的母亲换内衣，乔安娜在旁边看着母亲，充满了对母亲的热爱。乔安娜看着母亲一下一下地呼吸，然后在某个时刻，母亲的呼吸就停止了。没有任何声响和动作地，母亲带着安详的表情离开了人世。母亲从生到死的跨越是那么安静，以至于正在给她换衣服的护工都没有发觉。乔安娜轻轻地告诉护工说："我想，她已经死了。"

乔安娜在对母亲讲述所有的回忆时，并没有想过这些回忆会成为母亲生命的总结，陪伴母亲走入死亡的怀抱，这正是那天晚上所发生的。乔安娜的回忆和叙述陪伴着母亲平静地度过了临终期。

当你的亲人在临终状态，而你觉得有话要对他说的时候，请相信自己的感觉，把想说的话对他说出来。这样做，可能会帮他平静地走过生和死的界限。

死亡的时刻和仪式

即使临终的人已经年纪很大，饱受病痛的折磨，即使大家知道死亡对他来说就是最好的解脱，但到他去世的时刻，大部分亲人和朋友还是会有非常大的失落感。在亲人去世的时候，你应该顺从自己的感觉与自己的亲人告别和表达自己的悼念，不要因为环境的限制或医院工作人员的催促，就匆匆忙忙地与去世的亲人告别。

乔安娜对如何与去世亲人告别的想法在过去的二十年里发生了很大的改变。1991 年，在乔安娜的祖母去世的时候，乔安娜很想坐在祖母的遗体旁边守着，直到祖母的灵魂离开，但是在乔安娜感觉到祖母的灵魂离开后，乔安娜并不清楚该怎么做，只是给丧葬公司打了电话，让他们把祖母的遗体装进棺材，送到殡仪馆。

第十章 生命的最后时刻

在乔安娜的祖母去世几年后,一个好朋友给乔安娜讲了自己的母亲在拉脱维亚的老家去世后,她赶回老家去参加母亲葬礼的情景。这个朋友非常好心地分享了她母亲葬礼的全部细节。在拉脱维亚,他们兄弟姐妹几人亲自为母亲的遗体洗浴后,给她穿上了她生前选好的衣服。这些就成了他们向母亲告别的一种仪式。

后来乔安娜跟她的兄弟姐妹分享了这个故事。他们一致决定,在他们的父母去世的时候,也要尽可能地用这样的方式与父母告别。2001年,乔安娜的父亲在家中去世。乔安娜和她的兄弟姐妹们一起给他的遗体洗浴,一边洗,一边放着音乐,唱着歌。然后他们根据父亲的愿望,为他穿上他最喜欢的一件法兰绒睡衣。乔安娜和她的兄弟姐妹们都感到,这个遗体沐浴的仪式有力地表达了他们对父亲的爱和尊敬。2008年,他们的母亲去世以后,他们同样为她沐浴遗体,并根据她生前的愿望为她穿上她最喜欢的蓝色丝裙。

在此之前,乔安娜一直认为人一去世,他的身体就立刻完全被死亡占据,并迅速变冷、变僵硬。可是当乔安娜和她的兄弟姐妹们给去世的父亲洗浴的时候,他们很惊讶地发现父亲的身体在去世之后的很长时间里都很暖和,很有弹性,给他洗浴和穿衣服一点都不难。当乔安娜和她的兄弟姐妹们为父母最后一次洗浴、擦润肤油和穿衣服的时候,他们都有一种奇妙的感觉。

乔安娜从这些亲身经历中感到,亲人刚刚去世的那段时间,是我们与亲人在一起的最后的宝贵的时间。对每个人来说,最重要的事是相信自己的感觉,充分感受与自己的亲人在一起的最后机会。

参考资料:

1. 李扬.黄宗英忆赵丹临终遗言[J].党政论坛(干部文摘),2008(11):40–41.

第十一章　当沉浸在悲痛中

* 亲人去世前的哀痛
* 亲人去世后的心理调整
* 疲惫、失落和麻木
* 悲痛、愤怒、孤独和其他强烈情感
* 感觉去世的亲人好像还在身边
* 顺其自然地调整自己的哀思

亲人去世前的哀痛

丧亲之痛可能是从亲人去世的时候开始，也可能是在更早之前就发生了。如果一个病人已经经历了十分漫长的患病阶段，那么可能在疾病发生、发展和恶化的过程中，身边的人就已经开始体会到失去他的哀痛了。而在患病的过程中，病人和家人相处的各个方面都会发生一系列的变化，他们生活中的一些细节也在一点点地消逝。比如，如果一个人患有阿尔茨海默病，那么他的家人可能会在他刚刚发病和病情日渐严重的时候就感受到强烈的感情打击。这不仅仅是因为病人记忆的消失，还因为病情会使病人的性格发生很大的改变，有时候这些变化会导致病人和家人之间的角色交换。比如，当一个母亲得了阿尔茨海默病，她的女儿会渐渐承担起各方面照料她的责任。这时候女儿就承担了母亲的角色。有时候，当夫妻的一方得了阿尔茨海默病，另一方就会渐渐承担起病人以前承担的家庭责任，两个人的关系也从对等的夫妻关系变成了一方对另一方的依赖关系。所以，有时候，在一个重症病人去世之前，他的家人就会感觉在某些方面已经失去他了。

在照料一个久病的亲人的时候，你也会感觉经受着一种丧失亲人的哀痛，即使这种哀痛发生在他去世之前。一些没有经受过丧亲之痛的人可能无法理解为什么你会在亲人还没有去世的时候就已经显得痛不欲生，他们甚至可能觉得这有点荒谬。其实，这样的情感是非常正常的。如果你不能从身边的亲戚朋友那里得到足够的同情、理解和支持，那么你可以考虑寻求专业心理医生的帮助来开解自己。同时，你也不需要为这种情绪感到任何的惭愧或紧张。要知道，这样的情绪是非常正常的，可以得到理解，也值得同情。

正如死亡的过程因人而异，每个人哀悼亲人的方式和过程也是独特的。我们希望下面描述的哀悼亲人的几个阶段对一些读者处理自己的哀悼过程会有所帮助。同时，我们也相信，任何人都无须把自己的感受限制在本章叙述的范围内。我们相信，每个人都应该坦然接受自己对逝去亲人的任何悼念情感和方式，他的家人和朋友也应该尊重他的悼念情感和方式，只要这种悼念不过激，也不长期摧残自己的感情。你如果发现自己的悲痛情绪持续时间过长，几乎不能自拔，并长期陷入一种不健康的悲观、消极情绪，那么就应该考虑寻求专业心理医生的帮助。如果你由于失去亲人出现了抑郁等症状，那么专业医生的帮助、心理治疗或药物治疗就更是必需的。

亲人去世后的心理调整

如果你没有提前为丧葬事务做准备，那么在亲人去世后的几天里，你可能会不得不忙于联系殡仪馆、写讣告、安排葬礼等杂事，这些事都可能使你更加身心疲惫。在这种时候，对自己的心理调整是非常重要的。同时，你也要意识到，亲人已经去世了，你的大部分任务已经完成，剩下的丧葬事务尽力而为就可以了，不必对自己要求太高，给已经身心疲惫的自己增加更多的压力和负担。

除非是出于宗教仪式的要求，一般情况下，你不必觉得非得在亲人去世的第二天就举行葬礼。在现代社会的设备条件下，通常遗体即使不做化学处理，也可以保存72小时以上。你可以允许自己多花点时间安排葬礼，这样也可以使其他亲友，尤其是身在外地的亲友，有更多的时间准备参加葬礼。对你自己来说，这样的安排可能也很重要，因为你在亲人去世之后可能已经极度疲惫了，而葬礼和追悼会的过程也是很累人的，所以你应该允许自己放慢节奏，从容安排这些事。在中国传统文化和很多西方文化的分支中，葬礼也往往安排在逝者离世几天之后，这种安排固然受各种宗教因素的影响，但是实际操作的可行性也是一个很重要的因素。

在通知亲友丧讯的过程中，你可能会发现不同的人处理悲痛和心理压力的方式非常不同。有的人可能由于强烈的感情冲击而忽然沉默寡言，不与任何人交流；有的人可能用繁忙的工作来淹没自己的悲痛情绪，表现得好像什么都没发生过一样；有的人可能会沉浸于酒精或药物的麻醉中。在这个时候，有些家庭的成员之间仍然可以正常地交流，而有些家庭的内部会出现短暂的混乱。在这样的非常时期，这些表现都是正常的。有时候家人们由于过分悲痛或其他种种原因，不能给你足够的支持。如果你是去世的亲人生前的主要护理者，那么在亲人去世后，你大概还是主要负责安排丧葬事务的人。你如果在家庭内部不能得到足够的帮助和支持，那么可以考虑求助家庭以外的朋友、社会工作者或专业丧葬服务人员来帮忙。

不同的人对丧亲之痛的表现也是非常不同的。有些人几乎从来不掉眼泪，即使在他们最悲痛的时候，哭泣也不是他们表达感情的方式。有时候他们的这种表现被家里人以为是冷酷无情，这种看法可能会令他们感到十分困扰。如果你心里非常难过但又哭不出来，那么你可以与家里人多交流，向家人倾诉，让他们明白，虽然你表达感情的方式跟他们不一样，但是其实你内心跟他们一样悲痛。你如果觉得心中的感情压力太大，无法自己调节，那么也许需要考虑通过专业的心理咨询来调整心态。

疲惫、失落和麻木

如果你是去世的亲人生前的主要护理者，那么在葬礼和追悼会之后，你可能会感到前所未有的疲惫、麻木，甚至极度困惑。在过去的几个月或几个星期里，你可能一直都在为亲人的疾病而匆匆奔忙，几乎没有时间休息，甚至非常缺乏睡眠。当亲人去世后，你可能会感觉一下子闲了下来，甚至有些无所事事。在这个时候你所有的疲惫和精神创伤都可能会爆发。

在这个时候，你的能量已经耗尽，所以你应该为自己寻求充分的时间和空间来缓解——睡个长觉，让亲戚或好朋友来照顾你几天，享受一下按摩服务，花点时间祈祷或静修，写日记，到野外放松身心，参观自己喜欢的博物馆，或者用其他任何你喜欢的方式好好休息放松一下。很多研究表明，极度的疲惫可以导致人动作反应迟钝。所以亲人刚刚去世之后的这段时间也可能是你的一个事故多发期。这个时候，你如果不好好休养一下，恢复能量，平衡身心，那么就可能有受伤或出事故的危险。因此，无论你感到多么悲伤和疲惫，都一定要记住，好好保护自己，好好休息，这样才能以健康的心态面对以后的生活。

悲痛、愤怒、孤独和其他强烈情感

在亲人去世带来的疲惫和麻木过后，你可能会感受到悲痛的强烈冲击，这种冲击之猛烈可能是你以前从未经历过的。这种感觉是可以理解的，因为你刚刚经受了生命中最大的损失。除了默默地思念刚刚逝去的亲人，你可能还会再度想起更早以前去世的亲人、朋友，甚至宠物。有时候悲痛可以使隐藏在一个人内心深处的很多以往的悲痛感情也浮现出来。有的人曾经描述说，在经历了令他们身心极其疲惫的亲人护理、亲人去世、葬礼安排及种种事务的处理后，他们会忽然感到周围一片寂静，也会感到深深的孤独，那种感觉几乎就像身处无人的荒漠一样。

如果你的亲人去世之前所在的医院环境或医疗条件并不理想，或者你和其他家庭成员或朋友之间有一些矛盾，那么在亲人去世后，你可能会感到超乎寻常的愤怒或悔恨，可能会不断地在自己脑海中重现过去争执和伤心的场面，可能会做令人难过的噩梦，还有可能会失眠。如果你出现了上述这些情况，那么说明你已经在经历非常大的心理冲击了。在这个时候，心理咨询、静修等活动可能会对你有一定的帮助。

感觉去世的亲人好像还在身边

很多人在亲人刚刚去世的时候，会感觉去世的亲人好像还时时出现在他们身边与他们交谈。我的一个朋友提起过，在她姐姐去世后，她感觉后院里一只每天都出现的鸟好像就是她姐姐，这只鸟的鸣叫让她觉得是她姐姐在跟她说话。还有一个朋友在她妹妹去世后的那天晚上，忽然强烈地感觉到她妹妹来到了她的房间跟她告别。后来她妹妹的儿子告诉她，他也有类似的感觉。她和她儿子在她妹妹去世的时候都不在场。这个朋友觉得，她妹妹是在离开人世之前特地来向她和自己的儿子告别，并且想让他们知道自己一切都很好。

我的另外一个朋友曾经说过，他有好几次都感觉到了一股来自逝去的亲人和朋友的能量，有时候他还可以听到他们的声音在引导他，给他生活上的建议，这使他感觉到已故亲友的智慧和经验仍然在给他很大的帮助。

乔安娜的一个朋友说，在她祖父去世的当天晚上，她就不得不出差到一个离家很远的城市做一项压力很大的工作。她尽量不去想她刚刚去世的祖父，担心想多了就会承担太多的感情压力，无法专注于手头的工作。那天，一直到她睡觉之前，她都避免想关于她祖父的任何事。当她躺到床上准备睡觉的时候，她忽然感觉自己听到了祖父的声音，这个声音叫她起床坐在椅子上，想跟她谈话。于是她起来了，然后又听到祖父的声音，这个声音给了她很多关于工作和生活的启示。这些启示对她第二天的工作很有帮助。听完祖父的启示，她回到床上睡了个好觉，第二天的工作也异常顺利。

如果你也有类似的经历，感觉去世的亲人好像还在身边，那么我们希望通过以上这些故事让你知道，许多人也有这样的经历，而且很多时候当这种感觉非常深切的时候，往往还能给生活带来正面的影响。当这样的事发生时，你不必惊慌或疑惑，顺其自然就好了。

顺其自然地调整自己的哀思

在亲人去世的几个星期里，你可能会发现自己的情绪起伏、动荡。收音机里的一首歌，春天雨后的空气，孩子们的笑声，任何熟悉亲切的事物，都可能勾起你内心的忧伤。在节日和假日里，你可能会对去世的亲人倍加思念。节日聚会里空下来的一个座位可能令你想起已故的亲人，全家聚餐时你可能会想起他曾经常做的一道拿手菜，去教堂做礼拜或参加婚礼的时候你会忽然想起他曾经坐在你身边，所有这些都可能突如其来地造成一种伤感气氛。有些家庭为了减轻这种气氛，会改变一些节假日的庆祝方式，比如出去旅行或去另外一个亲戚家度假；也有些家庭宁愿多在哀伤情绪中沉浸一段时间。每个人都有自己对亲人的悼念方式，没有什么一定是"对的"或"错的"。

有时候，一个人在亲人去世后可能还会继续做一些关于照料这个亲人的梦，可能在刚刚醒来的时刻还想着去养老院探望这个亲人之前要买些什么东西，过了一会儿，才渐渐意识到自己已经再也不用去探望这个亲人了，因为他已经去世了。当一个人担任了很长时间的护理者的角色，在自己护理的亲人忽然去世后，他可能会产生一定程度的迷茫，会禁不住问自己："接下来我还能做什么？"

有时候，亲人去世造成的空虚可能会让一个人很想改变自己的生活方式，也许是搬到另外一个城市去住，也许是换一个工作，他想通过这些改变来减轻自己的悲伤或情绪波动。一些有经验的心理咨询师建议人们不要在这个阶段做很大的生活变动，尤其是在亲人去世的一年之内。因为如果这些变动的目的仅仅是为了逃避失去亲人的痛苦和悲伤，那么这些痛苦可能会在更晚的时候浮现出来，暂时的逃避并不能使它们消失。而且，重大的生活改变，即使是一些好的改变，有时候也会带来额外的压力。一个人在生理和感情上都处于极度疲劳的阶段，搬家或者适应新工作带来的这些额外的压力并不利于身体和心理上的恢复。这个阶段比较好的选择可能是考虑和计划自己的将来，做一些小的调查研究，为以后的搬家或换工作做一些打算。但是在亲人去世的几个月到一年之内，最好不要做出太大的生活改变。写日记、做手工、做其他自己喜欢的有创造性的工作或进行娱乐活动可能会对一个人的情绪很有帮助。

有时候，可能在亲人去世一年以后，悼念的人才渐渐觉得悲痛的重担从肩膀上消失了。这个时候他可能会感到生活中空出了一块地方，然后他可能会发现生活中有很多新的机会和新的可能性。这个时候他才体会到这种空间，发现自己多出了很多富余的时间，可以用来读书、写作和做一些很多年都没空做的事。

在亲人去世之后，无论经历什么样的悲痛，进行什么样的悼念，每个人都有自己的方式，也应该遵从自己的感觉、节奏和周期去慢慢走过悼念的阶段，迎接自己的新生活。

第十二章　我们能为社会养老做什么

* 老年关怀"储蓄"系统

* 以房养老

* 老年服务人员的专业培训和等级划分

* 资源分享和互惠

* 提高学术界乃至全社会对"生命质量"的认识

* 加强"死亡教育",提高对死亡的认识

也许你的父母还年轻,暂时不需要你花很多时间照料,也许你的双亲已经过世,家中无人可照料,但你仍然可以为社会养老做出一些贡献。为社会养老出力的直接或间接的、正式或非正式的方法有很多。有时候,仅仅是给身边需要照料老人的朋友帮点小忙,或者倾听他们的问题和烦恼,对他们来说也是一种帮助。在这一章里,我们针对每个人可以为社会养老做的,并根据各国、各地的一些实践经验,提出了一些全局性的建议。

老年关怀"储蓄"系统

在美国一些地方,一些非营利性的临终关怀机构发起了一种志愿者的老年服务和临终关怀"储蓄"系统。参加这个体系的志愿者们可以自发自愿地"投资"一些时间来为本地的老年人和临终病人提供无偿的服务,比如帮老人做家务,在临终病人的床前陪伴,为他读书、播放音乐等。根据个人生活状况,有的人可能每星期"投资"5个小时,有的人可能每星期"投资"多达30个小时。这个体系之所以称为"投资"和"储蓄",是因为参加者在未来当自己有需要的时候,可以"提取"与自己"投资"时间对等的一定量的老年服务和善终服务,这个服务由下一代的志愿者来提供。但对很多参加这个老年关怀"储蓄"体系的志愿者来说,他们自己对老年服务有需要的那一天,可能还在十几年甚至几十年后。他们参与养老服务,并不仅仅是为了最后的回报,而是出于贡献社会的良好愿望。这个体系不仅仅是简单的资本投资体系,参加者也不仅仅是抱着功利性的目的,它充分体现了"人人为我,我为人人"的社会理想,鼓励人们在青年和中年时代就关心自己周围的老年人,并且通过一个"存储"系统让对社会有贡献的志愿者日后得到回报。

以房养老

以房养老也称"住房反向抵押贷款"或"倒按揭",是一种老年人用自己现有住房抵押来获得养老经费的方式。以房养老在美国已经实行了近三十年,在加拿大、新加坡和一些欧洲国家也已经推广。由于中国的城市近年来房价较高,而很多老年人在其他方面的经济水平还没有达到发达国家水平,因此在中国"以房养老"的体系很有发展潜力,也受到了广泛的关注。这种筹资方式尤其适用于没有子女赡养或子女缺乏赡养老人的经济能力的家庭。老年人可以通过抵押的形式获取较高额的生活费,用来负担老年公寓或养老院的费用,以及生活中的其他花费。通过这种方式,老年人手中可以有更多可支配资金,享受更好的生活。

在美国,由于政府对商业行为调控较少,"以房养老"体系存在着一定的积弊。在这方面最显著的问题是经纪公司收取费用过高,并且在交易过程中有大量的隐性费用。在中国香港,"以房养老"体系也已经存在,并由政府部门管理。这种适度调控的体系有相当大的公益性目的,而不是纯营利性的。这样的由政府组织和调控的体系更适合中国国情,也有利于保障老年人的权益。2013 年,中国国务院发布了《关于加快发展养老服务业的若干意见》,该文件明确指出"开展老年人住房反向抵押养老保险试点"。2014年，中国在一些地区进行"以房养老"的试点。未来的一二十年内，"以房养老"很有可能发展成一个广泛服务于老年人群的金融体系。

老年服务人员的专业培训和等级划分

随着中国老龄人口的增长和人们对生活质量越来越高的追求，中国社会对老年服务人员的需求将会迅速增长，甚至会出现人员短缺的现象。这种需求不仅是对数量的需求，也是对质量的需求。对质量的需求会随着人们生活水平的提高而越来越高，因此，服务人员的专业技能培训将会越来越重要。对各类服务人员的分级培训还有可能让中低级服务人员有能力接手一些原来由较高级服务人员承担的工作，从一定程度上缓解了某些领域专业人员短缺的状况。

在美国，护士资格分为多个级别，分别对应硕士、本科、大专等不同的学历和资历，并由权威部门统一考核认证。即使是学历较低的护工，由于承担着照顾病人的任务，需要对病人的健康和安全负责，因此也必须通过考核认证获得上岗资格。大部分护工有政府认证的技术学校的学历，或者至少参加过经政府认证批准的短期专业培训。老人和需要护理的病人，可以根据自己的需要通过中介机构雇用不同级别的护士或有上岗资格的护工到家服务。在医院里，由于各类护士和护工有严格的分级和分工，学历和资历较高、专业性较强的护士可以专门提供注射、处方等需要一定医疗专业知识的服务，而比较基本的护理任务，如帮病人起床、洗浴、服药等则由级别较低的护士或护工承担。

目前，在中国的一些大型医院里，护士资源短缺，平均一个护士往往要应对十个以上住院病人的各类需要。同时，由于缺乏受过严格培训的低等级护士和护工，病房中大大小小各类事务都是由同一批护士承担。因此，培养起各个级别不同专业水平的护士和护工将会是对人力资源更为高效的运用，也能对护士资源短缺现象起到一定的缓解作用。同时，有一定专业素质的护工和受过护理培训的家政服务人员也将满足广泛需求。

资源分享和互惠

在美国，一些经济宽裕的老年人愿意把自己多余的住房廉价出租给经济拮据的年轻人，而租房的年轻人通过为年迈体弱的房东服务（如洗衣、买菜、做饭、打扫房间等）来抵房租。一些非营利性组织和中介机构专门帮助接洽有这种需求的老年人和年轻人，并对租客进行背景调查以确保其人品可靠。这样的资源分享对双方都有好处。需要家政服务的老年人可以获得比较稳定的长期的服务，而一些较贫困的青年学生和初入社会尚无经济基础的年轻人则可以解决住房问题。这种房东与房客，雇主和佣工之间的关系，往往并不只是建立在利益基础上的金钱关系,也是一种社区居民之间互惠互利的关系。这种资源分享既给了年轻人一个通过自食其力来获得比较安定的生活的机会,也促进了老年人与年轻人的交流。随着中国社会老龄化程度的提高,这种资源分享和互惠的体系值得借鉴,也可能会使许多人受益。

提高学术界乃至全社会对"生命质量"的认识

在过去的一个世纪里,人类得益于医药科技的进步,全世界人口平均寿命显著增加。但是,很多医学技术只解决了如何延长人的寿命,使病人存活的问题,却没有充分解决如何让病人健康快乐地活着的问题。有很多人因为疾病和衰老,虽然还活着,但是生活质量很低。现代医疗体系往往只专注于修理人身体的毛病,却没有用足够的力量来教育和鼓励人们培养健康的生活习惯,如健康饮食,积极锻炼身体。我们的社会不仅仅需要更发达的医疗技术,也需要更多的预防和养生方面的讨论和教育。在对医务人员的教育中,我们也应该更加强调生命质量的衡量。医务人员应该进一步认识到,有时候医疗工作的主要目的,并不仅仅在于维持病人的生命,也应当致力于维持和提高生命的质量。

加强"死亡教育",提高对死亡的认识

在传统社会里,大多数人的生、老、病、死都发生在家里,而不是医院里,因此,人们对死亡并不感到陌生。传统文化和各类宗教中也包含了一系列帮助人们如何面对死亡的教导。在现代社会里,人们对死亡的疏离发展成对死亡的神秘感和恐惧。我们的社会应该加强老龄化社会教育和死亡教育,让更多的人了解死亡和死亡的过程,建立健康的老龄观和生死观。

英文版后记：我为什么要写这本书

我对这本书的写作源于我自己真实的生活经验。在过去的几十年里，我曾经帮助和照顾过一些重病或临终的亲友，并且从这些经历中获得了宝贵的生活体验。在我 34 岁的时候，我亲爱的祖父身患重病，并面临着死亡。当我刚开始意识到他很快就要死去的时候，我内心非常紧张，觉得他临终的时刻一定是很可怕的。我手足无措，完全不知道在那个时刻到来的时候，自己应该做什么，怎么做。于是我询问了许多有这方面经验的朋友，问他们如何陪伴临终的亲人度过生命的最后阶段。我一共和五十多个亲友探讨了这一问题。他们当中，有我的家人、朋友和同事，有的和我年纪差不多，有的比我大十几岁，甚至几十岁。所有这些人，其中还包括一个医生，都曾经陪在自己亲友的病床前陪他们度过临终的时刻，对照料重病病人和陪他们度过临终期有切身的体会。

在那个时候，即 1986 年，我们当地还没有专业的临终护理服务，也没有可以上门服务的医疗护理机构。在我祖父卧床不起，需要专业医疗护理的时候，我们只得按当时的惯例把他送到一家养老院。在开往养老院的救护车上，我的祖父非常不高兴，一边挣扎一边叫喊，说他不愿意离开自己的家。我在一旁看着伤心极了。我试图向他解释，养老院的医疗设备比家里好，对他的生活和健康更有好处，但这番解释并不能缓解他的愤怒和恐惧情绪。

我的祖父后来在养老院去世了，他没能如愿在家中自己熟悉的屋子里度过生命最后的日子。我也没能赶上在他离世的时刻陪在他床前。我对此非常难过，并在心里发誓，绝对不能让我的祖母也像这样在陌生的环境里度过生命最后的日子。

1989年，我兑现了自己的誓言。那个时候，我的祖母95岁了，我换了工作，搬到马萨诸塞州西部离她很近的地方定居。两年以后，在她重病期间，我成为了她的主要护理者，并帮她安排了一系列医疗服务。那段时间的生活对我来说非常艰难。我当时是一家非营利机构的主管，全职工作，非常繁忙。同时我还得每天晚上下班后去照顾祖母，周末的大部分时间也都用来照顾她。每个星期在保姆告假的时候我还要花一个晚上整夜陪在她床前。这段时间是我生命里压力最大的一段时间，但也给了我一生中最有意义，也最重要的生活体验。在照顾我祖母的过程中，我意识到，对她来说，在自己生活了四十多年的家中去世，而不是死在什么其他的地方，是一件非常重要的事。对她来说，躺在自己熟悉的床上，守着自己亲手种的丁香花、鸢尾花，看着窗外美丽的玉兰树，周围环绕着自己心爱的家具、照片和其他的心爱之物,这样她就能心满意足地离开这个世界了。

陪伴祖母度过的最后几个星期、最后几天、最后几个小时和最后几分钟,让我体验到了生与死的变换和交接,让我了解到了生命的变幻莫测和死亡的不可预知。我经历了很多惊心动魄的时刻,也留下了很多欢笑和美好的回忆。我的祖母在最后的日子里可以按照自己理想的生活方式平静安详地生活,可以按照自己的生活节奏起居、散步、饮食,可以在想吃东西的时候就吃一点,不想吃的时候也不勉强。在祖母去世的时候陪伴在她身旁是我人生中最震撼灵魂的体验。这种体验消除了我个人对死亡的恐惧,使我在以后的岁月里能更好地照料我的父母和几个亲密的朋友度过他们的临终期。

1999年,我和丈夫购置了新居,离我父母家只隔着4栋房子,这样我们就可以随时照料我85岁的父亲。一开始我父亲身体状况还不错,可以自己做饭、做家务,所以我们只需要每隔几天去探望一下。后来,随着父亲身体变得越来越虚弱,我们开始每天去探望父母,帮他们做家务。到2001年,父亲走到了生命的终点,而我也一直陪伴着他,直到他生命的最后几个星期,最后几天,最后几个小时和最后的时刻。这一次,我对死亡已经没有恐惧了。在这之前,我在拉脱维亚的朋友跟我讲过她们故乡的家庭葬礼仪式(见前面章节的相关叙述)。所以,我们在父亲去世后也为他举行了充满深情的家庭葬礼仪式。在父亲去世前后,我都能从容地处理各项事务,这在十年之前对我来说是完全不可想象的。

在我父亲去世之后,我先后担当了自己两个亲密女友的临终护理人。一个朋友去世前已经快90岁了,先后有过多次脑出血的经历,生活不能自理,住在一家养老院里。我每天去探望她,并陪伴她度过临终期。另外一个朋友是我儿时的伙伴,她去世的时候只有54岁,是因胰腺癌去世的。我和她的另外几个亲密朋友,加上几个共同的高中同学,一起承担了照料她的责任,陪伴她度过了临终期,并在她去世之后,在她家中为她举办了一个纪念仪式。

在我父亲去世之后,我承担起了照料年迈的母亲的责任。一开始她身体还比较好,我每隔几天去探望她一次。后来她渐渐需要每天有人照顾,我就每天去探望她。2005年7月,她卒中了,身体变得很虚弱。在那年的9月,她住进了一家有医疗设备的养老院。6个月之后,她不幸再次卒中了。这次她只好搬进了养老院的特护病房。她在那里住了一年多,直到去世。她在去世前的3个月,已经处于阿尔茨海默病完全失忆的状态,几乎认不出任何人了。我每天去养老院探望她并照料她的起居,直到她去世。我母亲96岁去世,去世时我就陪在她身边。

照料自己的父母、其他亲人和朋友度过临终期的这些经历使我深切体会到作为护理人的辛劳和精神收获,也使我明白了护理人对临终病人有多么重要的意义。我亲身体会到在临终病人生命的最后几年、最后几个月、最后几天和最后几个小时里哪些事情对他们来说是最重要的，哪些事情可以使他们快乐、安详而有尊严地度过生命的最后阶段。

在我母亲去世后的几个月里，我情不自禁地写下了很多在护理她的过程中的感想、心得和思考，同时也把自己以前在护理临终的父亲和临终的朋友期间写的东西重新读了一遍。在我写下这些东西的时候，我的主要目的是整理自己的思想，为护理期间处于重负的自己理出一个头绪。渐渐地，我开始针对一些关于临终护理的问题写出一些短文和较长的文章，这些文章渐渐地越来越像一本书的章节。后来，当我与一些亲密的朋友谈起这个渐进的写作过程时，他们都一致赞同和鼓励我把这些想法整理成一本书，并希望能从这本书中更多地了解如何护理年迈、病重或临终期的亲友。这些朋友也认为这样一本书同样可以帮助其他很多人来了解和面对类似的情况。现在你手中的这本书就是这样写成的，一切都是因为我的朋友们的鼓励，也因为我希望能帮助更多的人了解养老、临终和临终期护理等方面的种种问题。

乔安娜·丽莲·布朗

中文版后记：我们的探索与期望

乔安娜·丽莲·布朗是我在公立大学工作时的同事和好朋友。她为人热情，富有同情心，有强烈的社会责任感和正义感。工作之余，我们经常在一起谈论教育和各种社会现象。很多时候，我们的话题都集中在各自的父母。当时乔安娜的父亲已经过世，母亲九十多岁，住在我们学校附近的一家养老院里。乔安娜帮她母亲选择了这家养老院，因为它就在乔安娜上下班的路上。乔安娜每天下班后都会去陪伴母亲一会儿。那时候我的父母也已经年过六十，作为独生女，我也常常思考如何帮助他们享受一个美好的老年生活。因此，乔安娜和我在谈起父母的时候特别有共同语言。

2008年夏天，乔安娜的母亲去世，我参加了追悼会。这是我见过的最美丽的追悼会。追悼会大厅里没有任何布置，走廊布置成一个小展览，陈设了乔安娜母亲的出生证、结婚证和其他重要证件，以及老太太一生的照片和生前的爱物。参加追悼会的有七八十个亲友。追悼会中穿插了几次较短的朗诵和唱诗。大部分时间是亲友回忆老太太的生平。有三四个至亲好友事先准备好的致辞,然后是大家即兴小段地讲话。由于是喜丧(老太太享年 96 岁),讲话的主要气氛是轻松幽默的。亲友们回忆了很多老太太从小时候到老年的小故事,比如她长大的家庭环境是什么样的,怎么认识她丈夫的,怎么约会的,怎么结婚的,怎么带小孩的,以及她跟家人朋友的趣事,还有她喜欢做小布熊,每当社区里有人家生小孩,她就送一个自制的小布熊,等等。有很多故事逗得大家哈哈大笑,而说到一些温馨感人的地方,又有很多人忍不住流泪叹息,然后大家又忙着传纸巾擦眼泪,传着传着又忍不住笑了。追悼会就是在这样哭哭笑笑的气氛中进行的。我虽然从来没见过这个老太太,还是被这些故事感动了。从这些故事里,我们了解到老太太一生过着平静快乐的生活,结交了很多朋友,帮助了很多人。追悼会后大家吃的食物都是亲友们亲手制作的,据说很多都是老太太生前喜欢做或喜欢吃的东西。

乔安娜的母亲去世后一年多,我看到了《最后的陪伴》(*Caring for Dying Loved Ones*)。这本书的原名直译是"照料走向死亡的亲人",这里"走向死亡"并不仅仅是指死亡前的时刻或几天、几个月。从某种角度讲,这个世界上的每个人都正在走向死亡,只不过与死亡的时间距离不同而已。乔安娜在"走向死亡"这个概念里特别想关注的是那些因年迈而极度衰弱的老人或患绝症的病人。他们与死亡的距离可能是几天、几个月,但也有可能是几年,甚至十几年、几十年,他们可能身体极度衰弱甚至不能自理，他们的亲人可能时时刻刻面临着悲伤和绝望，但他们中的绝大多数人，在种种健康条件的限制下，仍然可以从一些小小的方面去享受生活。对他们来说，生命的意义也许在于享受最后的人生并且有尊严地走向死亡。他们的亲人在帮助和照料他们的同时，也往往从生与死的交替里有许多领悟。每个人的生活都不同，没有一本书可以告诉所有人生命的意义和生活的意义，但是这本书从现实的角度讲述了他们可能会面临的各种问题和困境，并提出了现实生活中的解决方法。这正是本书的创作意图。

现代医学技术高度发达，提高了全民健康水平，延长了平均寿命，这是有目共睹的事实，但是在现代化的医院里，越来越常见的一个现象是，一些濒临死亡、丧失了大部分生理功能的病人可能在呼吸机和各种插管的支持下存活几个星期甚至几个月。危重病人接受的插氧气管、胃管，以及其他一些抢救措施，如心脏起搏等，有可能给病人造成极大的生理痛苦。一个因癌症晚期或其他疾病折磨而濒临死亡的病人，是否真的愿意为了多活几天而承受插管、心脏起搏或其他手术的痛苦呢？这些医疗措施究竟是延长了他们的生命，还是延长了他们死亡的过程？在几年以前，我从来没有想过这个问题。直到有一天，乔安娜对我提起了她的生前预嘱。这是乔安娜为自己晚年的医疗决策所预先设立的一份文件，如果有一天她因为疾病等原因不能明确表达自己的意愿，那么她的家人将按照这份文件帮助她选择她愿意接受的医疗措施，并且拒绝她不愿意接受的医疗措施。乔安娜也多次跟我说："如果我因为疾病或机体衰竭而快要死了，我希望能尽量死得安静一些、舒服一些，千万别给我的气管上打洞，别给我的胃里插管子，别在我身上再开刀、缝针地折腾我！"并不是所有的人都会做出和乔安娜一样的选择，但是每个人都应该有选择的权利。很多人放弃了选择的权利，只是因为"从来没想过这个问题"。乔安娜向很多亲友反复强调过她的生前预嘱，并鼓励所有人思考和建立他们自己的生前预嘱，因为她见过许多临终前饱受折腾的病人和面对各种医疗决策而不知所措的家属，她深知这是现代社会的一个盲区。

当我阅读这本书的时候，我感到很兴奋。乔安娜知道后邀请我与她合作，以这本书为原型出版一个中文改编版。我对乔安娜的这个提议既跃跃欲试又有点犹豫。跃跃欲试，是因为我对书中探讨的话题关心已久，也觉得这是我自己生活中需要学习的东西；犹豫，一来是因为自己在护理老人和病人方面既无实践经验也无理论研究基础，二来是我很担心这样一本话题沉重的书在中国不会有人愿意读。2010年，我带着乔安娜的书回国探亲，常常跟亲友谈起这本书。我的家人和朋友对这本书的内容反响热烈，这令我有点吃惊。首先，家中的长辈对这本书表现了强烈的兴趣。在他们步入老年的时候，这本书讨论的很多话题正是他们需要了解的，也是他们期待周围的人了解的。接着，我发现我的一些同龄好友也非常想看到这样一本书。他们和我一样，思考着如何帮父母安排晚年生活，也希望当我们这一代人步入老年的时候，我们的社会对养老、老年关怀和死亡有更成熟的理念、更完备的措施。随着中国人生活水平的提高，人们逐渐认识到，物质生活并不是生活质量的全部内容。幸福的老年生活不仅仅是金钱决定的，更需要精神上的理解和亲友的支持。于是我开始和乔安娜一起开始了中文版的翻译和改编工作。

乔安娜和我都觉得，虽然两国政治、经济、文化背景不同，在养老问题上面临着不同的问题和挑战，但两国人民对老年生活都有同样美好的期待，对养老问题的价值观和终极目标是高度一致的，而且两国在养老文化方面有很强的互补性，有很多可以相互学习和借鉴的东西。乔安娜非常羡慕中国人尊老敬老的传统美德，而我也观察到不少美国人对自己年迈的父母或长辈非常关心，照料得无微不至。我觉得美国人对生活有一种务实和独立的态度。很多美国老人和子女关系亲密、相处融洽，但是他们很重视自己生活的独立性，相信独立生活的能力是生活质量的最重要元素之一。因此，美国的一些公共设施和社会政策，不仅仅从"老有所养"的角度出发，更考虑到让老年人能有条件维持独立而有尊严的生活。作为一个经济较成熟的国家，美国在养老社会保障、医疗政策及相关的法律事务方面，已经有了数十年的经验，很多都值得中国借鉴。

这本书的内容，涵盖了乔安娜和我在过去的几年中热切关注并反复讨论的一些问题。我们必须承认，我们并没有能力给出所有问题的答案。对人类社会来说，老龄化是一个前无古人的现象。大部分人从五六十岁开始，身体会逐渐显现出一系列的老化问题，各种慢性病也会浮现出来。然而在现代社会里，人类平均寿命大幅延长，一个六十岁的人可能会伴随着身体老化和一些大大小小的慢性病再活上三四十年，甚至更长时间。在漫长的老年生活中如何享受生活，提高生活质量，以及在临终期的什么阶段开始选择以安宁舒适为目的的护理、放弃以治疗为目的的医疗手段，我们的祖先和以往的社会经验并没有给我们留下很多答案，因为在我们这个时代以前并没有这么高比例的长寿老人，也没有机会面临对各种先进医疗手段的抉择。随着医学技术的发展，我们的社会将会有更多的长寿老人，他们的健康也会越来越多地得益于现代医学技术，但是在生理健康以外的层面如何提高老年人的生活质量，如何帮助老年人享受精神愉快、有尊严的生活，如何提高临终期的生命质量，如何运用现代医疗技术拯救生命而不是无限延长死亡的过程，很多问题要靠我们这一代人去探索和回答。

感谢中国人民大学的康晓光教授和北京大学的王一方教授为本书作序，他们分别从社会哲学的角度和医学人文的角度分享了他们的真知灼见。感谢北京协和医院老年医学和缓和医疗专家宁晓红医生和中央电视台著名节目主持人张越女士审阅我们的书稿并提出建设性意见。感谢北京生前预嘱推广协会授权在本书中分享他们的生前预嘱《我的五个愿望》。感谢美国加利福尼亚慈心联盟和美华慈心关怀联盟授权在本书中分享他们制作和翻译的《美国加利福尼亚州生前预嘱公益宣传手册》。感谢美国霍巴特和威廉·史密斯学院的埃里克·巴恩斯（Eric Barnes）和孟蔼宁（Helen McCabe）夫妇积极帮助我们与华夏出版社联络本书的出版事宜。在乔安娜和我撰写这本书的过程中，来自众多亲友、学者和专家的鼓励与帮助是对我们工作最好的鞭策，也令我们更坚信在各界人士的推动下，能够激发更多关于养老、老年人生活质量、老年护理、生前预嘱、缓和医疗及临终关怀等话题的讨论，促进中国在这些领域得到迅速的发展和进步。

董燕

附录 I　相关图书

关于死亡和临终期的书

1. 可喜可贺的临终.[日]小笠原文雄 著.陈龙美，孙纡妤 译.华夏出版社，2022.

2. 在熟悉的家中向世界告别.[日]上野千鹤子 著.廖荣发 译.译林出版社，2022.

3. 生命尽头的需要.[美]大卫·凯斯勒 著.于晓明 译.华夏出版社，2021.

4. 选择与尊严：遇见生命与死亡.罗点点 著.生活·读书·新知三联书店，2021.

5. 死亡课：关于死亡的讨论.[澳]玛格丽特·赖斯 著.方莉，畅岩海 译.团结出版社，2021.

6. 生命终点的故事.[澳]兰詹娜·斯里瓦斯塔瓦 著.石聿菲 译.世界图书出版公司，2021.

7. 当我们谈论死亡时我们在谈论什么.[澳]莫莉·卡莱尔 著.刘志火 译.湖南人民出版社，2021.

8. 因死而生：一位安宁缓和照护医师的善终思索.谢宛婷 著.广西师范大学出版社，2021.

9. 在生命尽头拥抱你：临终关怀医生手记.[加]克里斯托弗·克尔，[美]卡琳·马多罗锡安 著.胡晓姣，陈晓赟，骆子君 译中信出版社，2021.

10. 善终守护师.[日]柴田久美子 著.洪金珠 译.中信出版社，2021.

11. 我离开之后.[美]苏西·霍普金斯 著.[美]哈莉·贝特曼 绘.王岑卉 译.北京日报出版社，2020.

12. 人间生死书.[美]伊拉莎白·库伯勒·罗斯，[美]大卫·凯思乐 著.徐黄兆 译.湖南人民出版社，2020.

13. 我的母亲手记.[日]井上靖 著.吴继文 译.重庆出版社，2020.

14. 死亡是什么.雷爱民 著.北京大学出版社，2020.

15. 如果一年后，我不在这世上.[日]清水研 著.钟奎彬 译.中信出版社，2020.

16. 生命最后的读书会.[美]威尔·施瓦尔贝 著.王兰英 译.长江文艺出版社，2019.

17. 生别离：陪伴母亲日记.聂晓华 著.广西师范大学出版社，2019.

18. 死亡之书.[美]舍温·B.努兰 著，杨慕华 译.中信出版社，2019.

19. 死亡如此多情：百位临床医生口述的临终事件.中国医学论坛报社 编.中信出版社，2019.

20. 从容的告别：如何面对终将到来的衰老与死亡.[澳]肯·希尔曼 著，苑东明 译.中国人民大学出版社，2019.

21. 不在病床上说再见.[日]宫本显二，宫本礼子 著.高品薰 译.世界图书出版公司，2019.

22. 超越死亡.[印]萨提斯·莫迪 著.歌沐，张劼 译.长江文艺出版社，2018.

23. 一个医生的自白：走在生命与死亡的十字路口.[英]亨利·马什 著.刘丹丹译.四川人民出版社，2018.

24. 那些死亡教我如何活.[日]特扫队长 著.高婷译.外语教学与研究出版社，2017.

25. 影像中的生死课.陆晓娅 著.北京师范大学出版社，2016。

26. 我的死亡谁做主（精编版）.罗点点等著.华夏出版社，2016.

27. 最好的告别：关于衰老与死亡，你必须知道的常识.[美]阿图·葛文德著，彭小华译.浙江人民出版社，2015.

28. 死亡如此多情Ⅱ.生前预嘱推广协会，中国医学论坛报社 编著，生活·读书·新知三联书店，2015.

29. 直视骄阳：征服死亡恐惧.[美]亚隆 著.张亚译.中国轻工业出版社，2015.

30. 死后的世界.[美]雷蒙德·穆迪 著.林宏涛 译.世界图书出版公司，2014.

31. 他们知道我来过.张大诺著.中国青年出版社，2014.

32. 最后的拥抱.[美]玛姬·克拉兰，[美]派翠西亚·克莉著.李文绮译.华夏出版社，2013.

33. 当我们回到上帝怀里.[美]特露迪·哈里斯 著.费方利译.长江文艺出版社，2013.

34. 最后的舞蹈：邂逅死亡与濒死（第9版）.[美]琳恩·安·德斯佩尔德，[美]艾伯特·李·斯特里克兰 著.陈国鹏等译.上海人民出版社，2013.

35. 陪伴生命：我从临终病人眼中看到的幸福.[美]凯瑟琳·辛格

著. 彭荣邦, 廖婉如 译. 中信出版社, 2012.

36. 死亡课：关于死亡、临终和丧亲之痛（第6版）.［美］查尔斯·科尔 著. 榕励 译. 中国人民大学出版社, 2011.

37. 西藏生死书. 索甲仁波切 著. 郑振煌 译. 浙江大学出版社, 2011.

38. 美好的晚年. 圣严法师. 广西师范大学出版社, 2010.

39. 死亡的尊严与生命的尊严. 傅伟勋. 北京大学出版社, 2006.

40. 论死亡和濒临死亡.［美］伊丽莎白·库伯勒－罗斯 著. 邱谨 译. 广东经济出版社, 2005.

  （其他版本：下一站，天堂. 易菲 译. 译林出版社, 2014.）

41. 我们怎样死：关于人生最后一章的思考. 舍温·纽兰 著. 褚律元 译. 世界知识出版社, 1996.

  （其他版本：外科医生手记：死亡的脸. 杨慕华 译. 海南出版社, 2008.）

42. Moody, Raymond, Jr. *Life After Life*. Bantam, New York, 1975.

43. Lyn H.Lofland. *The Craft of Dying:The Modern Face of Death*. SAGE Publications.1978.

44. Nuland, Sherwin B. *How We Die*. Vintage Books, New York, 1995.

45. Kübler-Ross, Elizabeth. *Death, the Final Stage of Growth*. New York: Touchstone, Simon & Schuster,1997.

46. Levin, Stephen. *A Year to Live: How to Live This Year as if It Were Your Last*. New York: Bell Tower. 1997 .

47. Sachs, Robert, *Perfect Ending: a Conscious Approach to Dying and Death*. Publishers Group West, Canada, 1998.

48. Tobin, Daniel R., MD. *Peaceful Dying, the Step-by-Step Guide to*

Preserving Your Dignity, Your Choice, and Your Inner Peace at the End of Life. Da Capo Press, Cambridge, MA. 1999.

49. Atwater, P.M. *The Big Book of Near-Death Experience: The Ultimate Guide to What Happens When We Die*. Hampton Roads Publishers, Charlottesville, VA, 2007.

50. Kubler-Ross, Elizabeth. *On Death and Dying*. New York: Touchstone, Simon & Schuster, 2014.

给儿童讲衰老和死亡的书

1. 外公．[英] 约翰·伯宁罕 文/图．林良 译．河北教育出版社，2022．

2. 我依然爱你．橙子文，钟彧图．新世界出版社，2021．

3. 大象的算术．[德] 赫姆·海恩 文/图．杨默 蒲蒲兰 译．二十一世纪出版社，2021．

4. 活了100万次的猫（珍藏版）．[日] 佐野洋子 著．唐亚明 译．接力出版社，2021．

5. 100天后会死的鳄鱼君．[日] 菊池祐纪 著．毛丹青 译．接力出版社，2020．

6. 死亡是怎么回事？——关于生命和死亡的12个小秘密．[英] 莫莉·波特 著，[英] 莎拉·詹宁斯 绘．梅楚斯 译．中信出版社，2020．

7. 楼上的外祖母和楼下的外祖母．[美] 汤米·狄波拉 文/图．孙晴峰 译．河北教育出版社，2020．

8. 先左脚，再右脚．[美] 汤米·狄波拉 文/图．柯倩华 译．河北教育出版社，2020．

9. 小鸟的葬礼.[美]玛格丽特·怀兹·布朗 著,[美]克里斯蒂安·鲁滨逊绘.阿甲译.北京联合出版有限公司,2020.

10. 一片叶子落下来.[美]利奥·巴斯卡利亚 著.任溶溶 译.南海出版公司,2019.

11. 天蓝色的彼岸.[英]亚历克斯·希勒 著.吕良忠译.北京联合出版有限公司,2019.

12. 榛子壳里的死神.[英]埃里克·马登 文,[英]珀尔·赫斯 图.谈凤霞 译.少年儿童出版社,2019

13. 熊和山猫.[日]汤本香树实 著,[日]酒井驹子绘.赵峻 译.新星出版社,2019.

14. 也许死亡就像毛毛虫变成蝴蝶.[荷]皮姆·范·赫斯特 文,[荷]丽莎·布兰登伯格 图.李一慢译.中译出版社,2019.

15. 祝你生日快乐.方素珍著,仉桂芳绘.河北教育出版社,2019.

16. 爷爷变成了幽灵.[丹麦]金·弗珀兹·艾克松 文,[瑞典]爱娃·艾瑞克松图.彭懿译.长江少年儿童出版社,2018.

17. 奶奶好像……变样了.[智]玛利亚·荷西·奥罗比特·伊·黛拉 文,[英]卡莱斯·巴蕾丝特鲁斯 绘.任溶溶 译.东方出版社,2018.

18. 再见了,艾玛奶奶.[日]大塚敦子 摄影/文字.[日]猿渡静子译.北京联合出版有限公司,2018.

19. 獾的礼物.[美]苏珊·华莱 文/图.杨玲玲,彭懿 译.明天出版社,2017.

20. 当鸭子遇见死神.[德]沃尔夫·埃布鲁赫 著绘.陈科慧译.新蕾出版社,2017.

21. 奥古斯汀的小玩意儿.[法]贝阿特丽丝·热尔诺,[法]克洛蒂德·德拉克洛瓦 文/图.袁筱一 译.北京联合出版公司,2017.
22. 妈妈走了.[德]克里斯朵夫·海因 著.湘雪译.二十一世纪出版社,2017.
23. 不要哭得太伤心.[日]内田麟太郎 文,[日]高巢和美 图.彭懿译.贵州人民出版社,2016.
24. 给我的孩子讲死亡.[法]爱玛努埃尔·于斯曼·佩兰 著.李玉民 译.重庆大学出版社,2011.
25. 你可以更靠近我——教孩子怎样看待生命和死亡.[美]伊丽莎白·库伯勒·罗斯 著.林瑞堂译.四川大学出版社,2011.

附录 Ⅱ 《联合国老年人原则》

联合国大会于一九九一年十二月十六日通过《联合国老年人原则》(第 46/91 号决议)。大会鼓励各国政府尽可能将下列原则纳入本国国家方案。

独 立

1. 老年人应能通过提供收入、家庭和社会支助以及自助,享有足够的食物、水、住房、衣着和保健。
2. 老年人应有工作机会或其他创造收入机会。
3. 老年人应能参与决定退出劳动力队伍的时间和节奏。
4. 老年人应能参加适当的教育和培训方案。
5. 老年人应能生活在安全且适合个人选择和能力变化的环境。
6. 老年人应能尽可能长期在家居住。

参　　与

7. 老年人应始终融合于社会,积极参与制定和执行直接影响其福祉的政策,并将其知识和技能传给子孙后辈。

8. 老年人应能寻求和发展为社会服务的机会,并以志愿工作者身份担任与其兴趣和能力相称的职务。

9. 老年人应能组织老年人运动或协会。

照　　顾

10. 老年人应按照每个社会的文化价值体系,享有家庭和社区的照顾和保护。

11. 老年人应享有保健服务,以帮助他们保持或恢复身体、智力和情绪的最佳水平并预防或延缓疾病的发生。

12. 老年人应享有各种社会和法律服务,以提高其自主能力并使他们得到更好的保护和照顾。

13. 老年人应能利用适当程度的安养院照顾,使他们在人道且安定的环境中得到保护、康复以及社会和精神上的激励。

14. 老年人居住在任何住所、安养院或治疗所时,均应能享有人权和基本自由,包括充分尊重他们的尊严、信仰、需要和隐私,并尊重他们对自己的照顾和生活品质做选择的权利。

自我充实

15. 老年人应能追寻充分发挥自己潜力的机会。
16. 老年人应能享用社会的教育、文化、精神和文娱资源。

尊　严

17. 老年人的生活应有尊严,有保障,且不受剥削和身心虐待。
18. 老年人不论其年龄、性别、种族或族裔背景、残疾或其他状况,均应受到公平对待,而且不论其经济贡献大小均应受到尊重。

来源:https://www.un.org/zh/documents/treaty/A-RES-46-91

图书在版编目（CIP）数据

最后的陪伴：如何面对亲人的衰老和死亡/（美）乔安娜·丽莲·布朗（Joanna Lillian Brown），董燕著. --2版. --北京：华夏出版社有限公司，2023.4
书名原文：Caring for Dying Loved Ones: A Helpful Guide for Families and Friends
ISBN 978-7-5222-0415-4

Ⅰ.①最… Ⅱ.①乔… ②董… Ⅲ.①临终关怀－通俗读物 Ⅳ.①C913.9-49

中国版本图书馆CIP数据核字(2022)第196088号

Copyright © 2016 by Joanna Lillian Brown, Yan Dong
Simplified Chinese translation copyright © Huaxia Publishing House Co., Ltd.
All rights reserved, including the right of reproduction in whole or part in any form.

©华夏出版社有限公司　未经许可，不得以任何方式使用本书全部及任何部分内容，违者必究。

北京市版权局著作权合同登记号：图字01-2013-0536号

最后的陪伴：如何面对亲人的衰老和死亡

作　　者	[美]乔安娜·丽莲·布朗　董　燕
策划编辑	刘　娲
责任编辑	张冬爽
出版发行	华夏出版社有限公司
经　　销	新华书店
印　　装	三河市少明印务有限公司
版　　次	2023年4月北京第2版 2023年4月北京第1次印刷
开　　本	880×1230　1/32开
印　　张	8.25
字　　数	157千字
定　　价	59.00元

华夏出版社有限公司　地址：北京市东直门外香河园北里4号
邮编：100028　网址：www.hxph.com.cn
电话：（010）64663331（转）

若发现本版图书有印装质量问题，请与我社营销中心联系调换。